U0066839

教師與班級經營

A different kind of teacher

Tony Humphreys◇著
曾端真　曾玲珉◇譯

譯序

「當學生認真學習時，教學是件艱難的工作；當學生不做任何努力時，教學是件不可能的事。」

—William Glasser

任何教師都知道在教學歷程中，最重要的步驟是引起學生的學習動機。這個道理對許多教師而言，似乎是「知易行難」。教師們也都深知班級經營與教學效果密切相關，但是有多少教師正處於班級經營的困頓之中？

由於工作的機緣，我常須和學生或國民中小學教師討論班級經營與學習動機的問題。每次討論時，都能感染到他們的沈重壓力，很希望能給他們一個錦囊，以紓解他們的困難。有一次爲了準備研討會資料，讀到Humphreys（1993）所寫的*A different kind of teacher*，心想錦囊不就在此嗎？因爲這本書的內容正好切中班級經營以及引發學習動機之議題。

本書的理念在於強調教學歷程中，「如何教」比「教什麼」來得重要。如何教？作者提出五個重點：教師的自尊、教師的能力、師生關係、班級經營及健全的學校系統。書中對教師身心健康的維護、教師壓力的因應、師生關係的建立、學生問題行爲的處理、學生學習動機的催化、同事關係與校長領導效能的提昇，有著深入淺出的原理說明，並提出具體可行的實踐之道。

作者從尊重人性的觀點來闡釋師生關係及校園中的各種人際關係，主張惟有當校園中及教室裡充滿無條件積極的愛與尊重時，才有可能引發學生的主動學習，以及促進學生建立負責的行爲。本書除了供國中小教師找到有效的教學之道，更珍貴之處是書中字裡行間所散發出的爲師之道——尊重。誠如作者所說的：「高自尊的教師才能教導出高自尊的學生。」如何擁有高自尊？如何在校園中培養尊重的氣氛？如何經營一個由學生自制的班級？都在本書有所闡釋。相信讀者會跟我一樣，在讀完之後，會折服於作者的信念。

如果說人的相識是一種緣份，人與書的相遇應更是珍貴的良緣。我有幸接觸這本書，捧讀之餘，不禁有股衝動，希望能與教育界的朋友分享。於是邀約我的妹妹共同完成翻譯，讓本書得以與讀者共享。姊妹合作是一樁很美的事，可讓我們重溫從前同床而眠、同桌共食的溫馨。

願讀者喜歡此書，更期盼讀者不吝賜正。

曾端眞 謹識

於國立台北師範學院教育心理與輔導學系

第1章

教育專業

1
壓力的本質
2
壓力的徵兆
3
教師的壓力
4
教師的「精疲力竭」
5
壓力的因應
6
重點整理
7
重要任務

壓力的本質

壓力是人類生活中相當新的字眼。它源自科技領域，意爲「壓迫」或「緊張」。壓力對人體健康的影響相當大。據估計，有三分之二以上的病人因壓力方面的問題而就診。六大死亡原因—心臟病、癌症、肝硬化、肺病、意外傷害和自殺，都直接或間接地和壓力有關。三大最暢銷藥品是鎮靜劑的Valium，治高血壓的Idera，和治療潰瘍及其他胃病的Tagamet。

每個人都應區分清楚所謂的必要壓力（necessary stress）和緊急壓力（emergency stress）。例如，當進食時，消化系統即處於壓力狀態，當你跑步或玩遊戲時，心臟血管系統便承受著壓力，或者準備演講時，你的憂心會刺激腎上腺素分泌，以促進思考，增進注意力和動機。然而，如果你過度飲食、過度運動，或過度憂慮某場研討會，胃就會打結，心跳會加速，並且覺得壓力重重，那麼就是處於「緊急壓力」的狀態。「緊急」這字眼是很貼切的，因爲當你的壓力超越應有的程度時，表示你處於緊急狀態，必須趕快採取一些行動來回復健康。日常生活的急忙、趕工、期限的催促、想在短時間內完成太多的事情等等，都是引起壓力的典型導因。在辦公室中觀察，你就能體會繁忙工作的壓力。匆促、趕時間、狼吞虎嚥地進食、大叫、咆哮、憤怒、出差錯、忘東忘西等現象，都表示人們的壓力是非常的高。高壓力會反映在身體上，例如，頭痛、反胃、心悸及其它各種身體病狀。面對緊急壓力的方法不應是急忙、催趕與擔憂，相反的，應該是早起、沉著應對事情，以及作正面的思考。這麼做應該能讓一個

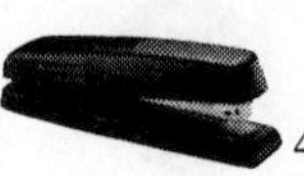

人回復健康的狀態。如果無效，可能是另有原因在造成緊急壓力，需要進一步去分析。明智之舉是要學會生活於現在。但很少有人做得到。從你閱讀這本書開始 ，你的心思是否常漫遊到過去或未來？生活於現在意指完全集中心思於此時此刻，不論是正在閱讀，或正在削馬鈴薯皮，或正在聽某人講話等等。有些讀者會說「人必須要考慮未來和過去」。的確，計畫未來是重要的，然而計畫是屬於目前的活動。擔心將會發生什麼是屬於未來的活動，是全然多餘的。每個人都應養成時間管理的習慣，對一天、一週、一個月，或未來一年的事情加以規劃。時間管理能讓你所有的基本需求得到妥當的分配。越有能力滿足各種心理需求的人，越不會感受到壓力。能由過去的經驗中有所學習固然是重要的，但是活在懊悔、惋惜、抱怨和計較之中是不智的。

壓力的徵兆

以下是一些主要的壓力徵兆，你可以仔細檢核，並且在你的徵兆下面畫線。同時想想這些徵兆的頻率和強度以及出現這些徵兆的時間有多久了。

壓力的徵兆

情感徵兆

焦慮、攻擊性、冷漠、無聊、沮喪、疲憊、挫折感、罪惡感、害羞、暴躁、易怒、情緒化、低自尊、威脅、緊張、神經質、寂寞、對批評過度敏感。

行爲徵兆

吸毒、發脾氣、過度飲食、毫無食慾、過度飲酒、抽煙、易激動、易發生衝動行爲、言語刻薄、神經質的笑聲、躁動不安、顫抖、匆忙行事、做事雜亂。

認知徵兆

無法做決定、不能專心、健忘、負面思考、心理障礙、生活在過去或未來。

身體徵兆

心跳加速、血壓增高、口乾、盜汗、瞳孔放大、呼吸困難、忽冷忽熱、如骨鯁在喉、四肢麻木刺痛、反胃。

健康徵兆

氣喘、經閉、胸痛、背痛、冠狀心臟疾病、痢疾腹瀉、昏眩、消化不良、頻尿、頭痛、偏頭痛、神經官能症、夢魘、失眠、精神錯亂、心身症、糖尿病、皮膚疹、潰瘍、性冷感、虛弱。

工作徵兆

曠職、不良同事關係、缺乏動機、高流動率、缺乏工作士氣、對工作不滿、低工作滿意度。

如果你覺得沒有任何的徵兆，請立刻去看心理醫生，因爲你正處於嚴重「否認」的狀態。任何人多少都會有緊急壓力。如果你覺得具有大部份的徵兆，請立刻向專業人員求助！

不過當你具有某些徵兆時，也無須輕易下結論。人們傾向於往最壞的方面想，例如，把頭痛當成是腦瘤，把胸痛當成心臟疾病，把腸胃不舒服當成是癌症。當人們對這些徵兆過度反映時，會引起更高的壓力，壓力會使得症狀變得更嚴重，因而更確信自己的診斷，於是壓力與症狀也就在此不良循環下急遽地惡化。記得曾經有一位男士告訴我，他有三項徵兆，而且已有五年之久，它們是：口乾、背痛和頻尿。幾年來他一直在看醫生，但是沒有一位醫生能診斷出原因。雖然有接受治療與服藥，但是這五年來症狀並未減輕，甚至於，有時候症狀還加劇。當出現持續的身體病症時，體檢是必要的。但是，當你獲知身體本身沒有問題後，你需要進一步檢查以瞭解症狀是否由心理、社會因素所引起。這一位男士未做後者。他所做的只是要驗證自己得了癌症，他認爲醫生並未向他說出實情，要不就是醫生尙未發現他的癌症。相信自己得了癌症是相當可怕的，也是具高度壓力的事，他的症狀當然無法減輕。生活中的「改變」常會導致壓力。我問這位男士，五年前是否曾發生什麼事？是否有近親過世、結婚、是否有婚姻問題、家中成員的增加、有親戚寄住、身份地位的改變等。五年前他接任一所大規模中學的校長，從那時起，這些症狀開始出現。他十分需要別人的接納和肯定，非常害怕失敗，常杞人憂天。也因此，他總是有著某種程度的壓力。過度的責任感使得他更無法接受失敗以及不被肯定，現在他的害怕更加劇、更明顯。這個人的問題不在於癌症，也不是背痛、口乾舌躁或頻尿，更不

是因爲學校校長的職務，而是他長期的恐懼不安、依賴性和低的自尊。當這些心理特質獲得修正後，上述的病症就消失了。壓力在提醒我們需要做改變。

緊急壓力亦有正面的意義

壓力提醒你必須在生活某方面上做改變，或是個人內在（自尊）的改變、或是人際間互動的調整、或是需在工作上做些調適，有時候可能需做全盤的生涯轉變。各種可能的情況都會發生。每個人必須找出個人壓力的根源。壓力是促使個人自我實現的動力。。

教師的壓力

教師的壓力近年來有相當多的報導。爲什麼教師有高的壓力？職業壓力主要是兩個因素的運作：要求（demands）和主控性（control）。如果工作要求大於可掌控性，那麼工作壓力就大。反之，如果工作要求小而教師的主控性大，則壓力較小。飛行控制台人員有很大的工作壓力，因爲工作要求非常高，絲毫失誤就會發生致命的災難，然而他們的主控權非常小，因爲飛行空間瞬息萬變，尤其是繁忙的國際機場。教師方面，這兩個因素有很大的變化。過去二十年來，外界對教師角色的要求加多，而教師的主控權（對學生的行爲規範）相對的則變小了。各界對教師的要求遽增，但是教師的主控力又減弱，使得教師變成高壓力的職業。學童在教室內無法控制行爲，而學童的情緒和行爲問題，正是教師壓力的主要來源。不當的教室管理和不良的學校管理系統，或是舊式的權威方式，只會增加教學上的困難。無效的領導亦是教師的重要壓力來源。許多校長未必是有效能的領導者。校長和教師間的不和諧，使得教室管理與學校管理都難以預期。一致性和可預期性是良好管理系統的指標，否則將會有許多控制上的困難。教師的壓力之一來自強調考試成績的教育體制，在此體制中，好的考試成績代表成功的教學。「分數」的競爭導致有差別的（聰明的學生較受重視）和有條件的（學習不是爲了學習而是爲了「分數」的緣故）教育。當教師需藉由考試分數來評量專業的表現時，便給自己帶來非常大的負擔。更令人擔心的是，把升學考試視爲主要的教學目標。同時學校之間相互競爭，評比有多少學生進入「最好的」學校。以如此狹窄的標準來評估教學，對那些關心低學習動機的兒童，助其在學業上有所進步的教師而言是非常不公平的。那些把已有高度學習動機的學生帶出優異成績的教師功勞並不大。然而大家所重視的和所讚賞的卻是這些優異的學生。教育並非只在於學業的表現，同等重要的是兒童的情感、社會、兩性、生理、行爲、心靈和創意的發展。事實上，在教室中，兒童的情感發展才是最重要的。學習困難的兒童通常是低自尊的，除非他的情緒問題獲得改善，否則任何補救教育的成效都非常有限。婚姻破裂目前十分普遍，失業、社會和政治的遽變，宗教的式微，在在都增加教師在教室裡的負擔。學校行政庶務和人力的不足，也增加教師不少的負擔，當然，許多校長也會因爲某些教師的不盡責而有壓力。

教師的「精疲力竭」

職業壓力會導致一個人精疲力竭。精疲力竭的主要徵兆如下：

◇曠職。
◇身體疲憊。
◇食慾不正常。（食慾不振或嗜吃）
◇失眠。
◇心身症。（例如，頭痛、背痛、胸痛、腸胃不舒服、排便困難等）
◇煩躁。
◇習慣性酗酒、服用鎮靜劑、抗抑鬱劑和尼古丁。
◇悲觀和宿命。
◇漸失勇氣。
◇對教學和學生持負面態度。
◇和同事關係不良。
◇失去自尊。
◇失去上進的動機。
◇對生命日漸消極。
◇失去創造力。

檢視上述徵兆時需評估發生的頻率、強度和持續的期間。

職業上的精疲力竭很少是單純由工作本身所引發。一般而

言，它是個人特質上比較脆弱，加上職業壓力的結果。茲以一個案例來說明，有位教師已教學十五年。在來找我之前，剛帶一班不好教的班級，她非常依賴以學生的學業成績來評估其個人的價值。這種依賴使得她對任何批評有著高度的敏感，學生學業成績的不良嚴重的威脅著她的自尊。她竭盡所能的想提昇班級學生到「她的標準」。一年來，她一直處於緊繃的狀態。學期結束時，她身心俱疲無法在一年結束後有鬆一口氣的感覺，也無法享受學年結束後的假期。她非常憂慮考試的結果。當成績揭曉，那班學生表現非常地好，但是她沒有因爲學生表現良好而自我肯定，她接著開始擔心開學後她再教導類似的班級時，會無法應付。九月開學時，她陷於恐懼之中而無法回學校。當她十月中旬來找我面談時，完全未回學校，是曠職了。黑眼圈顯示出她身體的疲乏，失眠和沒有食慾。她服用抗憂鬱劑和鎮靜劑。她陳述嚴重的頭痛和噁心。她自覺無法應付教學和學生。她完全地氣餒，喪失自尊，她自認爲是「徹底的失敗者」。她全然地對未來感到悲觀與宿命，對生存的意志和熱誠徹底地瓦解。她大部份的時間都靜坐凝思自己的困境，情形日益嚴重。這位教師由於仰賴別人的肯定而自貶，由於教學困難所帶來的多重恐懼與壓力，導致精疲力盡。對這類教師的輔導在於提昇其自尊，協助其學會獨立，學習建設性教學，並且儘可能地提供支持性、有活力的教師工作環境（容後詳述）。當這些問題，或至少部份問題解決之後，這位教師又回到工作崗位上了。

壓力的因應

我們已知壓力在提醒我們需要做改變，它的意義是正面的。面臨壓力時，需要檢視壓力的來源，然後針對壓力採取正確的行動。雖然引起壓力的問題未必能得到解決，但是因應的行動有助於人們面對壓力。壓力管理主要有四個策略：

◇均衡的生活方式。
◇健康飲食。
◇運動。
◇放鬆。

均衡的生活方式

許多人因為壓力相關的疾病而就診，例如，心臟疾病、潰瘍、背痛等，這些疾病都與不均衡的生活方式並存。記得約十年前曾向一群醫生演講臨床上催眠的神奇。在演講結束坐下來回答問題時，我的脊椎發生痙攣。這個痛楚持續著，我咬緊牙關，最後取消回答問題，好尷尬！我正在那裡報告臨床催眠的神奇，然後我自己卻因為心身症而病倒了。聽眾都是醫生，他們要送我去醫院。然而，我自知問題所在。我請他們讓我躺在舖地毯的地板上，注射肌肉放鬆劑。但是，痙攣太嚴重了無法控制住。最後，我要求他們把我安置在汽車後座，送我回家上床休息。我清楚唯一的解決之道就是上床休息。這是一個驚人的（緊急）徵兆。事

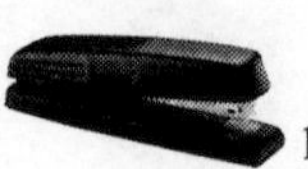

實上，有一陣子在某些時候我也有過，但我忽略了。當症狀被忽略時，它會加重其症狀以警告人們去注意他的壓力並做些必要的改變。脊椎疼痛的原因顯然是因爲工作過度。在當時，我每週約花七十到八十個小時忙於做治療和演講。之後，我開始過一種比較均衡的生活方式，對所有個人、人際間和職業上的重要需求作較好的時間管理。我也重新自我催眠和用腹式呼吸。我交付給同事較多的工作，我打網球和散步以強壯身體，在飲食上更小心，並且定期渡假。所有這些改變都是很棒的減輕壓力的方法。有效嗎？當然有效，六個月來，我持續地努力，再也沒發生過嚴重的疼痛症狀。然而，六個月後我發現又增加了工作量。顯然地，我並未對自己過度工作（強迫性）的特質有正確的認識。六個月前我早應該自問「我爲何工作過量？」當然，由於過度工作所導致的生活方式不均衡只是緊急壓力的表面因素，需要處理的是更深層的因素。未能即時處理的話，當然也就會逐漸回復到原來慣用的忽略壓力的方式了。我的問題癥結在於未能對向我要求協助的人說「不」。這種不夠自我肯定導因於我把自己的角色界定在「協助者」。從孩提時起，我母親受制於輪椅，所以都是由我照顧她以及家人。親戚朋友常說我是個「多麼了不起的小孩子」，能煮飯、購物、打掃、又能照顧母親。說「不」，在我的潛意識裡意味著將失去他人的稱讚，自己在他人眼中不再有重要性。這是「有條件」教育的結果。現在我會說「不」，並非全部，而是大部份時候。我學會區分自我價值和我的工作，也瞭解到我的需求和別人的需求一樣地重要。不可避免地，自尊有問題者常忽略其它的基本需求。這需要相當的訓練來取得平衡，而最簡單的方法是經由時間管理，至少你可確定在這幾天內讓你的基本需求獲得滿足。每一種需求都值得你去關懷，請檢視下列，看看各種需求得到滿足的程度和頻率：

◇情感需求：愛情、親情、溫暖、親近、支持、瞭解、熱情、情感的、幽默。

◇認知需求：知性的成長、閱讀、討論、認知的挑戰、問題解決、責任。

◇行爲需求：各種技能的培養，例如，烹飪、繪畫、衣飾、寫作、汽車維護、園藝、 木工。

◇社交需求：友誼、同伴、知識的分享。

◇身體需求：健康、健美、舒服、安全、飲食和保暖。

◇感官需求：五種感官獲得適當的刺激。

◇職業需求：有意義的工作、合理待遇、良好的工作環境、求新知、同事和諧互助、福利制度、升遷機會。

◇性愛需求：在成熟和恩愛的關係中獲得性的滿足。

◇娛樂需求：休息、競爭、運動、嗜好、興趣。

◇心靈需求：超凡、對存在之體驗並欣賞存在的意義。

如果你維持均衡的生活方式，仍感受到壓力，那麼可能有些深層的問題有待加以探討，並且必須付以深切的關懷。

健康飲食

精力來源有三：睡眠、食物和健康。有益健康的食物必須是營養的。飲食需要考量個人的能量狀態。許多書籍告訴我們早餐是一天中最重要的。我本身不這麼覺得。一夜好睡之後，精力正旺，所以不覺得飢餓。我相信自己身體的感覺。因此我習慣早晨

吃簡餐，新鮮柳橙汁、兩片黑麵包和一杯咖啡。但是，在工作四、五個小時之後的午餐時刻，身體告訴我餓了，所以在午餐時，我吃一天中的主食。如果我不去關切因飢餓所傳達出的精力不足，到下午時會昏昏欲睡和頭痛。然而，如果我吃全餐，我可以毫不疲倦地持續工作到晚上七點。那時，我又餓了，我再進食，但是不像午餐那樣吃大餐。許多專家在中午時吃我將其稱之為「香蕉酸乳（yogurt）的午餐」，晚餐則吃大餐。但是晚上並不需要那麼多精力來工作。

有關飲食的重要原則是避免毫無能量價值的垃圾食物。大部份的盒裝食物把精華都去掉了，最好是避免盒裝食物，儘量多吃新鮮食物。另外要注意的是不要以食物來取代其它的需求，例如，愛、安慰、溫暖和支持，也不要用食物來降低恐懼感。這種情形只會產生過度飲食和肥胖。

身體健康

身體健康的人承受壓力的能力比身體不健康的強，你也許會說，這是普通常識，但我總不瞭解為什麼人們把好的知識稱為「普通」，因為好的知識真的得之不易！「珍貴的知識」也許是更正確的用字。要保持身體健康不必花太多的時間，但要持之以恆。每週四、五次，每次三、四十分鐘，做一些溫和的運動，例如，散步、游泳、打網球、騎單車就夠了。只在週末進行的體育活動功效不大。另外，運動時一定要流汗，否則的話，你可能只是在應付應付而已，無運動功效。在疲憊時不要運動，以免增加身體的壓力，如果常常這樣做有害健康。許多健身的狂熱者常會

提早致病死亡，因為過度運動對身體系統是一種虐待，最後會導致身體崩潰。如果閱讀至此，你想的是「老天！我哪有每週四或五次，每次三到四十分鐘的時間」，請複習均衡生活那一部份。

再次強調，將運動變成每天的例行事項，有助建立運動習慣。惟這種規律要有彈性，因為任何僵化的行為本身都是個壓力源。

放鬆

規律性的練習放鬆可延長壽命。據我所知，放鬆對教師而言是不可或缺的。我對教師的建議是，不論學生是多麼地愛搗蛋、具侵略性、不合作，都要完全冷靜、沉著。讓學生知道他們的不負責任行為不會影響你。如果你因為學生的問題行為而失控，他們很快地會抓住你的弱點，將頻頻以偏差的方式來滿足他們的需求。除此之外，教師要隨時示範自我控制、放鬆、冷靜而堅定，教師要示範出他所期待於學生的行為。如果教師在教學時用大叫、怒罵（失控的行為）來管理學生，只會讓學生看到教師表裡不一，學生也將採取不負責的方式來回應教師。如果教師保持冷靜，放鬆心情，學生的行為比較有可能改善 。

放鬆是需要練習的技能，就像駕駛汽車、打高爾夫球和彈鋼琴一樣。放鬆不是休息。蜷坐在壁爐前，喝著白蘭地，看著午夜電視是休息而非放鬆。放鬆是一種深層的經驗，由輕度、中度、深度延伸到超覺的狀態（trance level responses）。訓練初期，每次練習十到十五分鐘，每天兩次。本節後面，我介紹一種五分鐘放鬆及解除壓力的練習。不過我仍建議你參加一些放鬆的課程以徹底瞭解和體會放鬆的眞諦。要能把放鬆用到各種生活情況，尤其是在教室中或與同事之間的緊張衝突事件。放鬆自己的方式很多，瑜伽、超覺靜坐、漸進式肌肉放鬆、催眠、心像等等。不同的方法適用於不同的人。如果你容易想像，可用心像法放鬆，如果對身體活動較感興趣，那麼肌肉放鬆或瑜伽可能適合你，如果自孩提時就有超覺特質，則適用催眠法。放鬆是每個人都需要的終生技能，特別是那些負責帶領孩子們成長的大人。

上述四種方法是建立正向生活方式的開始。當這些方法成爲你行爲中的常規時，接著你才比較可能去進行個人本身、人際問題和職業上所需的深層改變。

迅速消除緊張的運動

當你覺得焦慮、痛苦、或緊張……

1.呼氣（一開始不要吸氣）。
2.慢慢地、溫和的吸一口氣、摒住氣。
3.呼氣，如釋重負般地吐氣。
4.肩膀同時放鬆，手部放鬆。
5.確定牙齒沒有咬合。
6.如要說話，慢慢地說，以低調聲音說話。

簡要放鬆練習

這個練習適合於有短暫時間可用者。最好能有一張有手把的椅子，不過理想上，你必須在任何時地都能放鬆。如需要，可在背後放塊墊子。並且保持身體的溫暖。

坐直，背部靠緊椅子，使你的大腿和背部都受到支撐，雙手平放在大腿上。可脱鞋子，雙腳平放在地板上（如雙腳無法著地，可藉書本之類的東西墊著）。可閉上雙眼。

先呼氣。然後輕輕地吸氣，儘量地吸。現在，慢慢地呼氣，輕輕吐口氣，就像氣球漸漸地放氣般。重複一次，慢慢地…吸氣…呼氣…當呼氣時，感覺到壓力開始遠離。然後，回復正常呼吸，均勻地，平靜地，穩定地。

現在，引導你的思維依序到身體的各部位，到肌肉和關節。

首先想想左腳，腳指頭定在地板上，左腳沉重地放在地板上。讓腳和腳指頭開始去感覺全然地放鬆。

接著想想右腳…右腳指頭…腳踝…都沉重地放在地板上。讓兩隻腳、腳指頭、腳踝開始放輕鬆。

接著想到雙腿。讓雙腿感到全然地放鬆，沉重地放在椅子上。你的大腿和膝蓋在放鬆時會往外擺，就讓它們往外擺。

現在想想你的背部和脊椎。讓緊張從背部、從脊椎釋放出去。隨著呼吸，每次呼氣時，都讓背部和脊椎多一些放鬆。

讓腹肌柔軟、鬆弛。沒有必要讓腹部處於緊張狀態，當你平靜的呼吸時它會起伏著—去感受腹部全然地放鬆。

胸部不要緊繃。慢慢地、輕輕地呼吸，每次呼氣就放鬆一些。

想想左手的手指—它們鬆軟的，靜靜地。接著換右手的手指…放鬆…柔軟、靜靜地不動。讓這種放鬆的感覺擴散…至手臂…覺得手臂好沉重…至肩膀。讓肩膀放鬆，讓它們輕輕地垂下…然後讓它們垂的比你能想像的更垂。想想頸部。感覺到緊張從頸部和肩膀化開來。每呼氣一次，頸部就放鬆一些。

現在繼續下一步之前，檢查一下是否身體的這些部位仍處於放鬆的狀態—雙腳、雙腿、背部和脊椎、腹部、雙手、雙臂、頸部和肩膀。繼續保持溫和、輕輕的呼吸。每呼氣一次，就放鬆一些，讓所有的緊張從身體釋放出去。不再緊張—享受這種放鬆的感覺。

現在想想臉部。臉部不再有表情。眉脊平順，額頭寬廣、輕鬆。眉毛下垂、眼部四周不緊張—眼皮輕輕閉上，眼球不動。下巴鬆開—因為下巴鬆開，上下牙齒漸漸地鬆開。

去感受放掉一切壓力的鬆弛感。

現在想到舌頭和喉嚨。讓舌頭在嘴內垂到底，全然地放

鬆。放鬆舌頭和喉嚨。雙唇輕開，一點都沒壓力。讓臉部所有的肌肉都鬆開，緊張消除—臉部不緊張—讓臉部越來越放鬆。

現在，不去想身體的各部位，感覺到全然放輕鬆、安靜、休息的感覺。檢查一下自己是否仍處於放鬆的狀態。維持現狀一會兒，靜聽自己的呼吸…吸…呼…每次呼氣讓全身鬆弛、越來越沉重。

現在，持續現狀一陣子，享受放鬆的時刻。

回復—慢慢地移動雙手和雙腳。準備回復活動時，張開雙眼，靜靜地坐一會兒。伸展身體，打個哈欠，慢慢回復活動。

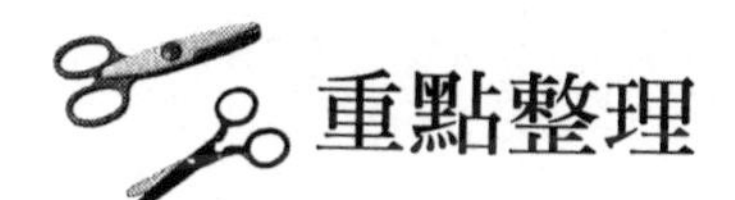

重點整理

前述有關壓力的陳述以及教學的壓力，重點如下：

◇區分「必要」和「緊急」壓力。

◇藉由徵兆檢核表認識壓力。

◇完整地評估重複性發生的症狀——不要遽下「最壞」的結論。

◇生活事件常引發壓力反應。

◇壓力是正面的，它提醒人們需要做改變。

◇工作壓力是高要求與低控制的結果。

◇多重角色的要求，學生的行為和情緒問題、同事關係及無效的領導，是教師壓力的主要來源。
◇教育不只求學業表現，也涵蓋對每個學生情感、社會、兩性、精神、行為和身體需求的關切。
◇學生的低自尊主要導因於學業成績不佳。
◇教師精疲力竭是個人特質上的脆弱以及職業壓力的綜合產物。

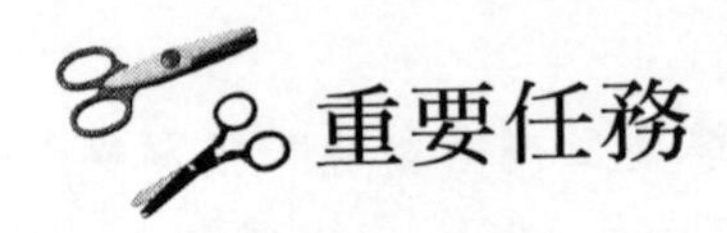

重要任務

本節建議實踐下列各點：

◇活在此時此刻。
◇檢查自己的壓力徵兆。
◇認識自己獨特的壓力來源。
◇施行策略：

- ◆均衡的生活方式。
- ◆健康飲食。
- ◆身體健康。
- ◆放鬆。

◇面對教室和教職員辦公室內的問題時，要保持冷靜，不慌亂。

第2章

教師

1
教師的自尊
2
重點整理
3
重要任務

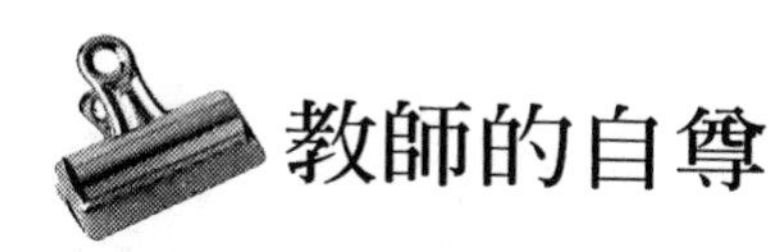

教師的自尊

醫學證明身體健康、長壽和高自尊間有明顯的關聯。同樣地，精神病學和心理學也顯示人類的生活問題和個人的脆弱、自卑的感覺有密切的關係。家庭和婚姻的幸福與父母及配偶的高自尊有密切關聯。

人們的幸福由其生存體系中成員的自尊水平所決定。領導者應特別重視自尊的增進，因為低自尊會導致無效的領導。高自尊的教師才能教導出高自尊的學生。

什麼是自尊？自尊和你自覺的受喜歡程度和能力有關。我所治療的病患大都不認為自己有什麼是可愛的，他們也不覺得自己有能力。他們對自己的概念通常和他們所希望的美麗、迷人、創造力、高智商及能力完全相反。

Dorothy Corkille Briggs 的一段話很中肯。

「一個人的自我評價會影響他對朋友的選擇、與人相處的方式、結婚對象，以及成就。也會影響他的創造力、人格的統整與穩定，甚至影響他是否可成為領導者。自我價值感塑造了一個人的個性，決定其性向和能力的發揮。他看待自己的態度直接影響一生的生活。事實上，自尊是注定我們一生成功或失敗的主要泉源。」

Dorothy Corkille Briggs
孩子的自尊

自尊的水平

每個人都各有其自尊的水平。自尊的水平可分成高自尊、中自尊和低自尊三類。

高自尊

◇獨立。
◇個性開朗、自發性高。
◇樂觀、生活充滿興奮和挑戰。
◇有彈性。
◇直接、明確的溝通者。
◇接納自己的困難、感覺與知覺等。
◇與特定的重要他人維持情感的親密。
◇接受自己和他人。
◇尊重和欣賞每個人的差異。
◇傾聽。
◇接受批評和回饋。
◇容忍挫折。
◇身體健康。
◇情感成熟。
◇鼓勵自己和他人。
◇對優點和缺點的瞭解合於現實。
◇將缺點轉化爲成長的契機。
◇解決問題者。
◇表達各種情感。

◇不會一成不變。
◇需要時會尋求支持、忠告、協助和安慰。
◇全心投入生活的各個層面。
◇信任和珍惜自我。
◇關心他人。
◇有主見，不輕易受他人操縱。
◇關懷環境。
◇心靈高超。
◇保有隱私。

中自尊

◇依賴。
◇尋求他人的認同。
◇取悅他人。
◇不願尋求支持、協助和忠告。
◇小心翼翼，不敢冒險。
◇害怕新的情境。
◇能接受一些批評。
◇中度樂觀。
◇對他人的差異吹毛求疵。
◇害怕反對的意見。
◇表達部份情感。
◇墨守成規。
◇對自己的各方面持懷疑的態度：身體、智力、社交等。
◇不夠自信。

◇常有不滿意的感覺。
◇責難他人。
◇逃避問題。
◇對人際間的關係缺乏安全感。
◇拿自己和他人相較。
◇忌妒他人的成功、財富等。
◇挑剔自己和他人。
◇有點忽視身體的健康。
◇攻擊性或被動。
◇不能容忍挫折。
◇抱怨或僵化。
◇活在未來。
◇低自主性。
◇非常有企圖心。
◇不幽默。
◇完美主義者。
◇容易擔心、焦慮。

低自尊

◇高度依賴。
◇悲觀和宿命。
◇自覺一無是處。
◇自責。
◇極度完美主義。
◇「遁世者」。

◇極度害怕新情況。
◇高度苛求自己。
◇認定每個人都比自己好。
◇過度自卑情結或優越情結。（爲掩飾自卑感）
◇寂寞和孤立。
◇無法建立親密和深度的情感關係。
◇自覺不值得愛。
◇有時想自殺。
◇僵硬、缺乏彈性。
◇高度指責他人或完全否認自己的脆弱。
◇壓抑情感或是攻擊與暴力。
◇忽略身體健康。
◇否定自己。
◇控制他人。
◇不斷需要他人的保證。
◇操縱他人。
◇感情易受傷害。
◇對於批評有高度敏感。
◇曲解式溝通。（例如，惡意的沉默、慍怒、譏諷、譏嘲的言詞、指責、訕笑）
◇拒絕改變。
◇不接受讚美或正向的回饋。
◇一直處於不快樂之中。
◇與人難以相處。
◇擔心。
◇非常容易焦慮和沮喪。

◇情緒低落。
◇擔心與他人不一樣。
◇對於愉快的經驗有罪惡感。
◇害怕被拒絕。
◇害怕犯錯和失敗。
◇猶豫不決。
◇依據「應該」，「不應該」，「必須」，「一定」來過生活。
◇覺得羞恥。
◇感覺生命不值得繼續下去。
◇過度介入或太少參與別人的生活。
◇不斷想證明自我的存在。

教師的自尊影響對職業尊重的程度，而且高自尊者也是有效能的教學者，而中／低自尊會導致無效能的教學。

自尊的本質

自尊的成因主要來自早期的孩童經驗。我們在生活中與重要成人（雙親、親戚、教師）的早期關係，對自尊有深遠的影響。正向的互動關係可形成值得被愛和有能力的自我形象，而負向的互動發展出不可愛和無能的感覺。正向互動和負向互動的多寡決定了自尊的程度。雙親、教師和其他成人是孩子的一面鏡子，當孩子大部份經歷到的是在身體上和感情上的被愛、肯定、讚美、鼓勵、支持、溫柔、傾聽、挑戰與堅定的教導，則會發展出健康的自我形象；而常常經驗到的是缺乏愛或關心，也就是無情、訕

笑、責罵、批評、虐待，以及惡意的沉默、不合理的要求和期待，被貼上否定的標籤的孩子，將形成自卑的形象。沒有小孩子完全擁有正面的經驗，因此擁有高自尊者是少數。大部份的人屬於中自尊，而相當多的人則爲低自尊者。

精神病（neuroses）的主要來源之一是「有條件式的教養」。很少人不受此教養方式影響。有條件的教養會讓孩子產生焦慮、不確定性和沒有安全感，受此教養方式影響的程度決定了焦慮和依賴性的嚴重程度。有條件的價值感意指一個人之所以受疼愛並非個人或其作爲一個人的本質，而是因其行爲的表現。「愛」變成要求孩子達到父母的期待的武器。這使我想起一位年輕的女性，她的父母都是教師，而且極度要求完美。這位少婦有一個不到兩歲的小孩。這個小孩總是盛裝打扮。有一天小孩弄亂了她完美的小套裝。在過去，如果她弄亂了衣服，這位母親總是失控地大叫：「媽媽再也不愛你了，不愛你—不愛你」—不斷的叫著。小孩子會變得整天很安靜而且「很乖」。到了夜裡孩子房間傳出叫聲。媽媽跑上樓，進到房間，發現小孩子站在小床上抽搐地哭著。一見到母親，小孩子立刻哭著說：「媽咪，媽咪，你愛我嗎？」明顯地，小孩子被當天未解決的精神創傷之夢魘所驚醒。小孩子的心靈多麼地敏感！這訊息告訴母親「如果你因爲我的行爲而不斷地剝奪對我的愛，我的生活將是一場夢魘」。孩子的夢魘通常在傳達訊息給父母、教師和大人們，告訴他們其內心所承受的衝突。

大部份的家庭和教育體系都在進行著有條件的愛。典型的條件是：

◇要乖。
◇要完美。
◇要像我。
◇要安靜。
◇要聰明。
◇要成功。
◇要仁慈。
◇要有趣。
◇要漂亮。
◇要英俊。
◇要認眞做事。
◇要像你的兄弟／姊妹一樣好。

大家都知道在教室裡，教師給予所謂的「聰明的學生」較多的眼光接觸、關注與互動。每個小孩，事實上包括每個成人都需要嚴正地聲明：「我不等於我的行爲表現」。關係往往也就在點點滴滴的行爲中受到破壞。雖然指出別人行爲中什麼是受歡迎的，以及什麼行爲是不受歡迎的，是重要的，但是必須在尊重的關係之下才可爲之。好比我們不能在潑洗澡水時，連同小嬰兒也一起倒掉。

害怕公開演說，是最常見的恐懼症。幾乎每個人都有「不要出洋相」的信念，因此公開演說似乎會威脅到自尊。研究指出教師的小孩比任何其他職業的小孩在心理上較易受傷。作爲一個教師，較難接受自己有個笨孩子。

欲建立自尊，最重要的是切斷束縛我們的任何連結。有條件

的教育導致在各方面都依賴他人的眼光──關於成功、被接納性、認同、表現，以及外表各方面。與有條件的教育相連的還有──害怕失敗、害怕拒絕、害怕批評、害怕失去威望、害怕失去美貌。害怕會導致負面的、悲觀的、宿命的，以及懷疑的態度與想法，而且會產生逃避、害羞、畏縮、膽怯，或是攻擊、傲慢、與指責型的行為。所有這些情感上、態度上和行為的運作對身體健康影響甚鉅。

自尊與教學

中自尊和低自尊的教師，較具防衛性，對於批評較為敏感，比較不能忍受別人不同的觀點，易將學生的不當行為個人化，亦即傾向把學生的行為解釋為針對教師本人，而非來自學生內心的衝突。將自己與學生不負責任行為區隔開來是教師的重要課題。如果太容易因批評而受傷害，將使得教師無法認清事實，除非修正易受傷害的個性，否則難以在自己與學生的行為之間有所區隔。易受傷的教師也會把自身的依賴性投射到學生身上，尤其是和學生的學習表現與成就有關的部份。傾向於個人化的教師，將學生的問題行為和自我價值混為一談，而且會因為投射的心理，也把教師本身的行為和學生的自我價值混淆了。

下面是一個教師將學生的行為予以個人化的例子。一個遭到學校勒令退學的十四歲學生被送來接受輔導。勒令退學的原因是他在作業上寫「幹老師」。教師的直接反應（個人化的反應）是向校長抱怨說：「從來沒有人如此對待我」，並堅持這位男生應該被勒令退學。當然，男孩的攻擊性言詞是不被允許的，但那只是男孩的一句隱含著問題的陳述，非關教師。教師要做的是教導這位男孩，用較適當的方式來與人溝通。校長或教師都沒去探討這句陳述所隱含的問題。原因在於教師讓這個男孩在全班面前嚴重地受到羞辱，男孩覺得十分憤怒，因此寫下這句話。事情過後他也就忘了，後來還繳作業給老師評分。這位老師和學生都應從這事件中汲取經驗。教師無權讓學生在同學面前受到羞辱。在教室裡譏諷、冷笑、嘲笑和責罵都是不公平的做法。這些做法會因威脅到學生的自尊，而使得學生產生防衛行爲，例如，攻擊的行爲。這位教師若能察覺自己的不當管教並下決心不再傷害這位男孩，可說從這個經驗中學了一課。同樣地，這位男孩也可能學習到應該清楚地、直接地、謹慎地向老師表達他的不滿，並且知道任何形式的攻擊行爲都是不被接受的，必須接受處罰。惟有如此才能改善學生和老師的關係。

投射（projection）意指企圖經由他人或他人的行爲來建立自己的價值感。如果教師依賴別人的稱讚來肯定自己，可能會在學生的課業上施加不當的壓力，以便從同事、家長和學生身上獲得肯定。有種現象是在考試季節自殺事件會驟增，特別是畢業考和大學入學考試時。自殺的學生是由於未能達到父母的期望（投射）而自殺，而不是因爲考試失敗。有一個案例可以說明投射的破壞性，這是當我在英國執業時所幫助過的兩兄弟。兩兄弟讀小學時都在父母執教的班級（並非好主意！）。父母的投射心理是他們的兒子應該是班上最優秀的。兩兄弟年紀差兩歲。哥哥由於未能符合父母的期待而挨打、被訕笑、被責罵與批評，並被貼上壞孩子的標籤，常被拿來和他弟弟相比較。要知道，在比較之下，被比較者所感受到的是被拒絕，而受到比較的另一位則受到

很大的壓力。弟弟在十六歲時首次來接受輔導。他已得精神分裂症。在談話時，我發現他精神不集中，便問他「你現在在那兒？」，「我是英格蘭最好學校的數學教師，A等級的成績已發表，我教的班級得到全英格蘭最好的成績。」這位可憐的年輕人有著無數的幻想，百分之九十的時間活在幻想世界中。他於五年前開始活在幻想世界裡。說他「精神分裂」無濟於事，因爲他一直覺得自己「不夠好」。他的妄想是爲保護自己免於受到父母拒絕的痛苦——極端愚蠢！這裡所引發的問題是，如果一個人爲有條件的愛而活，生活是否就比較充實？並非如此，因爲它會一直憂慮未能達到別人的期待。這位弟弟，一直保持極出色的成績，直到他上了大學。大一結束時，有兩科不及格。這是他首次嚐到成績的失敗，而且他很清楚地知道這消息讓父母知道的後果。他怎麼辦呢？自殺是最大的可能。幸運的，他未選擇自殺。然而，也未選擇秋季補考，因爲他害怕再度失敗，另一個理由是他十分害怕父母發現他曾考不及格。十月開學了，他面臨恐怖的兩難抉擇。隱藏著秘密，他整理行囊，假裝回大學上課。有兩年的時間，他獨居在伯明罕一間臥室兼起居式的房間內，最後，他終於在強大的壓力和害怕被識破的恐懼中崩潰了。和他哥哥一樣，我在精神病院和他晤談。

自尊和教師訓練

中小學教師非常需要接受訓練課程。所有教師都知道「三R」，但是他們知道「三I」嗎？職前訓練（Initiation），導入訓練（Induction），和在職訓練（Inservice）。在進入教學這一行時，當然已對要教什麼內容有相當的基礎。但是，如何教，是更重要的。如何教，包括對：人的情感、社會、兩性、心理、生理、感覺創造，和行爲的瞭解。同時也包括應瞭解家庭、學校生活中的衝突對孩子的影響，以及處理衝突的方法。要瞭解溝通的歷程，尤其是那些有助於孩子發展自尊的溝通歷程。同事的關係、與同事的協調、合作、壓力管理、學校行政、領導、衝突的處理，以及基本的諮商技巧等都要涵蓋在教師訓練課程中。對教師而言，日漸增加的三個壓力來源是角色要求、難教的學生和同事關係。依我個人的經驗，同事關係是很大的壓力來源，在其他許多行業亦然。許多學校在同事間存在著派系、憎恨、敵對、孤立還有領導上的專制、低工作士氣、不合作、意見分歧、冷漠等等。這種非支持性的工作環境對每位教師的自尊都有不良的影響。更糟的是，這樣的陰影會從辦公室籠罩到教室裡去。這麼說目的並非在責怪教師，而是強調缺乏教師訓練以及未能洞察其重要性，將會有嚴重性的後果。

如果成爲教師之前的訓練不足就開始執教，教學將完全無成功的希望。我在中學的第一次教書經驗，對我的教學熱誠是一大打擊。學校位於North Dublin，我穿著三件式灰色套裝，帶著小皮箱，穿過走廊時，學生用口哨吹著「詹姆士龐德」的主題曲。我拜見了副校長，他給我課表，告訴我教室的位置。當我隔著玻璃窗往教室一看，發現學生正拿著桌子、椅子互相丟擲。我臉色慘白。還有，另一項學生最喜歡做的事是刺破汽車輪胎。學校簡直是一團糟。當然，教師的離職率也相當高。我所接受的教育（教育文憑和文學士學位）完全無法應付有著嚴重的社會、情感和行爲問題的學生。我整天都只是在試圖控制學生的秩序。我向

校長尋求協助，希望他給我意見與支持。然而，所得的答覆是，我要對自己的班級和任何問題負責。三週後，我辭職了。我後來找到另一所不同典型的學校——過度控制的學校。控制過度也是個問題，但至少讓人有安全感。在我修畢臨床心理學博士學位之後，我仍然希望，而且很高興能再受兩年資深臨床心理學家的指導。資淺的教師也需要類似的制度。在開始執教的頭兩年，如能接受至少有五年教學經驗的教師之督導，對新上任的教師裨益頗大。這同時也是對資深教師的肯定。校長也要對處於導入階段的新任教師多加關心，瞭解他們的需要和關懷，並且提供意見、支持和肯定。

第三個「I」是在職訓練（In-service training）。各行各業都在不斷的進步，每個人都應跟得上最新的理論與實務的發展。這種過程必須是職業生涯的一部份。社會變遷、宗教力量式微、離婚與分居的人數驟增、單親家庭的增加、媒體的影響、社會的多元化、失業的危機、價值和道德觀念的改變，所有這些改變都影響學校頗大。二十年前，紀律問題在教室裡是罕有的現象。在當時，孩子們生活在三大系統之中：家庭、學校和教會。這三個系統的權威管教是一致的和可預期的。這三個系統都是以「害怕」作爲控制孩子的主要武器。雖然這種管教可達到安靜的效果，但是安靜不代表有所學習。權威主義教出的是被動的孩子，勇敢一點的孩子則會反抗或出現攻擊行爲。被動或反抗都會阻礙發展。父母和教師要教導孩子負責任與自我控制，而非由別人來管制。如果一位學生來自民主的家庭，懂得自制和負責任，卻進了一所權威管理的學校，學生將會感到困惑而產生抗拒。更有甚者在同一個學校裡，學生可能有時在民主式的班級，有時則在權威式的班級。同樣地，如果一位學生是來自權威家庭，然而就讀於民主式的學校，也同樣會感到困惑。學生只有在可預測的與一致性的系統中，才有可能學會紀律問題。尊重每位孩子的獨特性，相信孩子的能力、肯定孩子、支持孩子、關心孩子、公平的對待孩子，正向堅定的教導孩子，是每一系統都必須建立的。可預測性與一致性是有效社會系統的指標。因此，家庭和學校必須有緊密的連結。學校內部必須有良好的教師之間的溝通與協調合作，而不是由教師孤獨地面對學生複雜的問題。教師在職訓練要著重對學生與教師本身的行爲之瞭解，以及對各種行爲問題之有效回應方式。溝通訓練、壓力管理、協調合作、問題解決，以及教學技巧等，亦是在職訓練的重點。此外，在職課程也要注重領導方式，管理制度和個人發展。

改變自尊

促使個人改變的兩個要素是：覺察和行動。覺察本身不足以改變自尊。它只是對自己的自尊水平、自我接納與被他人接納，以及自己慣用的投射溝通方式之確認與瞭解。覺察表示，你已作好改變的準備，接著便能經由行爲制約的學習方式來改變自尊。

覺察的重點在於瞭解到一個人的行爲並不能決定一個人之所以爲人的價值；行爲是個體體驗世界的媒介，不會增加或減少做爲一個人的獨特之存在的價值。同樣地，所有行爲會成功也會失敗，失敗是進一步學習成長的機會，而不是在判定一個人的能力。人們還需瞭解，拿自己和別人相比較就是在否定自己。

改變自尊所需的方法和形成當前自我價值的方法相同。自尊建立在孩童時期與父母、教師和其他重要成人的關係。如果低自尊是由「關係」所致，那麼也必須以「關係」來治療。但是，並不是說靠現在來改變和別人的關係就會提高自尊。許多成人藉由和別人的關係來增加安全感，但這是依賴，會導致各種關係上的問題（佔有、控制、批評、操縱），不能提昇自尊。改變自尊的主要方法是改善與自己的關係。這種關係有如父母用慈愛與肯定來對待孩子一般。這種關係在本質上是情感性的，所有你的思考與行為均溶入於對自己的珍視與欣賞的情感中。

必須能時時體驗這種對自己的珍視與欣賞之情感，自內在深層來肯定自己，才能掃去自我否定、負面思考、逃避挑戰、攻擊性、被動和身體不適的陰霾。當你所有的舉動都出於自我珍視與自我關懷的本質，改變才能發生。無論是在休息、駕駛、工作、飲食、與人相處、運動、日常生活或在管理紀律等，都應自我診視與自我關懷。行事匆促、吃不健康的食物、三餐不正常、自責、和他人比較、攻擊他人與被攻擊、被動退縮、操縱他人、不負責任、高控制或佔有、工作過度、時常飲食過度、不能向別人說「不」、總是取悅他人、尋求他人的認可——這些都是缺乏自我價值的例子。反之，處事從容冷靜、吃營養食物、給自己足夠的時間進食和消化、傾聽自己的需要、鼓勵自己有最好的表現、視犯錯和失敗為學習的機會、尊重他人但肯定自己、自動自發且開朗、不盲目順從、誠實、拒絕外人之強制、滿足自己的需求，以及他人的需求、適度飲食、規律運動和均衡生活，才能滿足各種需求。均衡的生活是高自尊的良好指標。均衡的生活表示對生活中的各層面均有所關注，包括：所有的重要需求、情感、社交、性 、生理、行為（技能發展）、認知、心靈、娛樂和職業等各方面。另一個高自尊的指標是從容、冷靜、不因他人的行為而有所防衛。自我價值的提昇是無止境的成長歷程，必須持續的努力。舊有的自我否定和依賴是非常牢固的，必須不斷增強正確的行為，才能消除舊有的習慣。

增進自尊檢核表

就下列各項內外在行為，檢核一下你的程度（0-5）：

- ☐ 肯定
- ☐ 接納
- ☐ 讚賞
- ☐ 鼓勵
- ☐ 瞭解
- ☐ 同情
- ☐ 傾聽
- ☐ 賦予價值的
- ☐ 充滿著愛的
- ☐ 幽默的
- ☐ 挑戰的
- ☐ 放鬆的
- ☐ 均衡的生活方式
- ☐ 正向的自我語言
- ☐ 支持的
- ☐ 慈愛的
- ☐ 健康的飲食

☐ 規則運動
☐ 擇善固執
☐ 負責任的
☐ 仁慈的
☐ 關心別人
☐ 公平的
☐ 對自己的能力有信心
☐ 無條件的關懷

改變溝通方式

低自尊的主要現象是內射（introjection）和投射（projection）式的防衛溝通。內射是指將他人的意見內化到己身；而投射是指把自身的快樂和生活滿足的責任轉嫁給他人，內射與投射都顯現認同上的困惑。當你內射或個人化時，會讓人認為你太過於敏感，易受傷害的、脆弱的，需要別人的保護。當你投射時，會想要控制、攻擊、壓迫與操縱他人，或是顯現消極的、艱苦的、依賴的、被動式的攻擊反應。兩種溝通方式都無可避免地會導致衝突，進而加深低自尊的程度。

◇內射與投射

對他人的行為加以個人化或內射，主要是因為太依賴他人的接納與認可，害怕被拒絕、被批評和失敗。依賴來自不能自我接納與自我肯定（中／低自尊），依賴性大的人可能在孩童時期遺留有未解決之衝突，或是受到父母／師長的有條件式的愛或忽視，變得非常脆弱。只有瞭解問題的成因與過程並加以治療，才有可能減少或克服個人化的現象。溝通形式可說只是浪濤之頂端，隱藏在溝通之下的是有如大海波浪般的情感經驗。如果你與自我的關係越好（關愛自己），愈能無條件地接納自我，自尊愈高，愈不必依賴他人、愈不會恐懼、愈能將自己與父母及他人有所分化。果眞如此，那麼與人溝通的方式自然而然地就會改變。但是，自我改變的過程是一條漫漫長路，在此過程，你不斷的去覺察破壞性的溝通方式，並且以建設性溝通取代之。

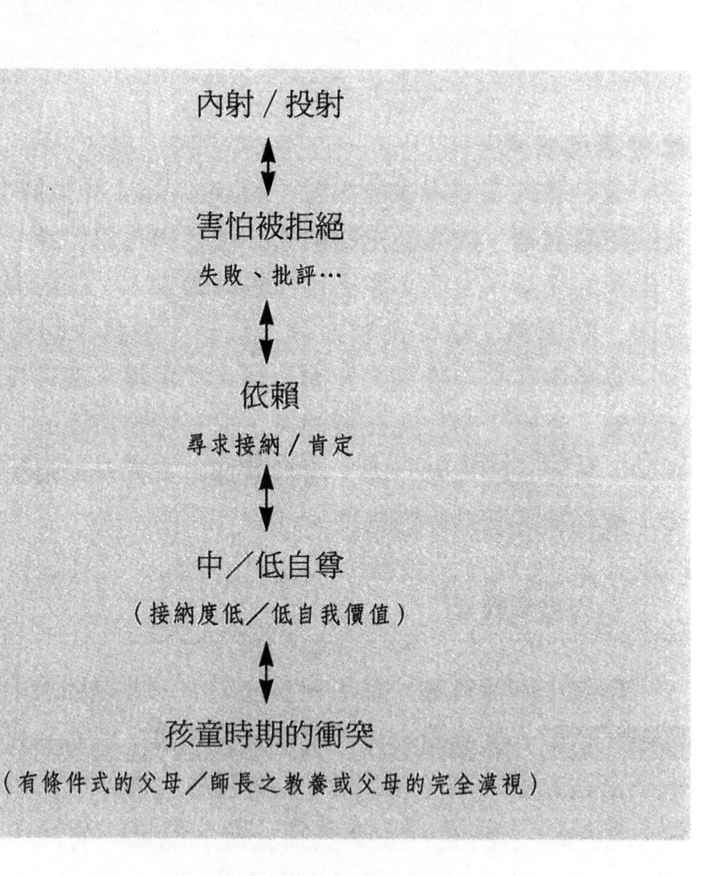

如同任何改變的過程，覺察和行動是重要的元素。第一步是覺察自己有將他人的言語行爲內射的個人化傾向。第二步是覺察

不論別人說什麼或做什麼，那都是別人的陳述。當別人用「你」做訊息說話，例如，「你不理別人的感受」，你必須做的內在思考是：「他用這話說我是何意？」接著將訊息拋回給他，以便得到對方之「我」的訊息。在這個例子中，將「你的訊息」拋回給對方的方式是說：「你爲何認爲我不懂別人的感受」。回答也許又是另一個「你」的訊息，例如，「你從未因我而來這裡」或「你總是不在」或「你從不聽我說」。你需要再一次的回應給對方：「你希望我以那種方式對你呢？」，或「你希望我更常回家嗎？」或「我那裡沒有聽你說話？」。溝通必須坦誠，要用「我」的訊息。例如，「我很寂寞，需要和你多在一起」或「我需要你聽我的意見和需求」。在溝通時，如果把對方所用的「你」訊息個人化，然後以退縮或反擊的方式回應，溝通將就此瓦解，關係亦將受傷，在兩敗俱傷之下，需求無法獲得滿足。必須清楚的表達出自己的需求，才有機會讓需求獲得滿足。如果要滿足需求有點困難，就需要透過協商。重要的是，要隨時堅定自我價值，在溝通時保持與他人的分化，並對他人付出關心。

減少內射的步驟如下：

1.覺察自己的個人化傾向。
2.將對方的語言和非語言訊息百分之百歸屬給對方。
3.內在思考：「這個人要傳達的訊息是什麼」。
4.引導出對方所隱藏的「我」的訊息。
5.堅定自我價值。
6.肯定自我需求以保持坦誠的溝通。

雖然，投射只是脆弱行爲冰山之一角。但是和內射一樣，都必須多加注意，以改變這種破壞性的人際互動。方法和改變個人化類似，要覺察自己的投射傾向並且瞭解你的行爲是屬於你個人的，別人不必爲你的行爲負責，要將自己的一切歸諸自己。下面引用Virginia Satir的自尊之宣言，此宣言強調每位成人都必須擁有自我。

獨特的我之宣言

我對自己獨特的存在感到驚奇。

我一旦離開這世界，永遠不會再有一個相同的我。

我熱愛、珍惜、讚美並且擁有我的一切。

我熱愛、照顧我身體的每一部份。我將滋養自己、做運動、休息和接受我身體的每一部份。我不希望我的身體和別人的一樣。

我熱愛、珍惜和欣賞自己能力無限的心智。

我會犯錯和失敗，但知道無論如何都無損於我驚人的能力。我視犯錯和失敗為進一步學習的機會。

我欣賞我的成就和成功，但不會把它們當作是自我價值的指標。我的價值和我所有的行為是獨立的兩件事。

我絕對區分我的存在價值和我的行為。

我對待自己和別人都是無條件的。

不論自己或別人都無法剝奪我的價值和我的獨特性。

我擁有自己的思想、想像、企圖心、語言和行為，不論是正面的或負面的，不論是對別人或自己，我都自我負責。

有許多已經做的事或可能會做的事，我覺得後悔或將會後悔，但是，我決心要從這些經驗中成長，並且學習每天愈來愈愛自己，也愛別人。

我將誠實坦然面對帶給我痛苦的行為，但絕不會責怪他人。

同樣地，我坦然接收別人認為我對他們造成的痛苦，我對自己的疏忽或引起的傷害負起責任。

無論發生任何事，我不會停止照顧自己或別人。

我知道在這個世界上，我的能力是無止盡的。我能接觸、觀察、感覺、傾聽、思考、想像、說話和做事。我可以非常接近人群。我可以積極創發。我能在似乎是冷漠和殘忍的世界中，尋求意義。

我將永遠保持真實獨特的我，不讓別人強加不自然的要求予我。

我的存在是獨特的，完美的，而且一旦我保持最好的自我狀態，我可以為自己和別人創造一個更好的世界。

當投射時，等於把自己生活的責任轉嫁他人。例如，如果我說，「你讓我痛苦」或「你從不和我商量」或「你從不考慮到我」，表示我賦予你許多掌控我的權力，而放棄自己所需要負的責任。溝通時，如果擁有自己的需求，則會用「我」訊息的方式來表達需求。如上述的例子，我可能說：「當每天晚上我獨自在家時，我感到痛苦和寂寞，我希望有較多的時間和你在一起」或「我希望能和你商量我在學校的工作問題」或「我希望你能關心我的生涯發展需求」。當你表達完你的需求，下一步便是必須接受「你的訊息不是命令，只是個請求」，因此別人有權對你的需求表示「接受」或「拒絕」，而不會影響你的自我價值，以及對他人的尊重。記住，要擁有自己的需求，而且這些需求是你的責任。克服投射的方法如下：

1.注意到你用投射來滿足生活需求。
2.覺察到你對他人的依賴。
3.擁有自我的一切。
4.用「我」訊息的方式來傳遞未滿足的需求。
5.允許訊息接收者對你所表達的需求（不論是合理的，不合理的或困難的）有「接受」或「拒絕」的自由。
6.挑起滿足自我需求的責任。

當你的合理需求一直得不到滿足時，你該怎麼辦？例如，要求學生在上課時有責任心與守秩序，或要求校長支持你有關教室管理的問題，或要求伴侶滿足你的性需求。你不能強迫他人（不論是用攻擊、操縱或退縮的方法）滿足你的需求。如果採取強迫，將會導致關係的衝突。應該做的是，詢問對方（不論是學生、校長或伴侶）到底爲什麼你的要求遭拒絕。傾聽他的回答，你可能會發現，對方有比你更深層，甚至更迫切的需求未獲得滿足。你也許會發現校長缺乏信心，害怕失敗，不被同事所接納；那些不合作的學生可能渴望受到他人的重視；而你的伴侶可能渴望你的深情而不只是在床上而已。當你能回應對方的需求之後，通常那個人也會努力來滿足你的需求。對別人坦誠，先不計較別人沒有滿足你的需求，關係將因表達出需求而獲得改善，而且，如果是合理的需求，將會獲得滿足。不過有時候，對方有嚴重的心理障礙，不論你如何試圖讓他表達需求，他都不願意接受。這

種人需要專家協助以解開心結。要記住的是，他們對你的價值之忽視，是他們的事，與你無關。

當你開始要更正向、獨立的與他人溝通時，你會發現成功常多於失敗，堅持下去，結果將是擁有與自己以及與他人的美好關係。

重點整理

下列是有關教師自尊和專業成長方面的重要內容與原則。

◇個人及專業效能和其自尊程度息息相關。

◇自尊的形成主要來自兒童時期的家庭經驗和學校經驗。

◇教師訓練課程中，「如何教」和「教什麼」一樣重要。

◇不斷更新理論和實務必須是教師生涯的一部份。

◇個人和行爲是獨立的兩回事。

◇有條件的教育會導致神經症，極端的情況下，會變成精神病。

◇保持分化是良好關係的關鍵。

◇個人化（內射）是將別人的談話誤解爲是在談論自己，而導致衝突和溝通的破裂。

◇投射是把自身的責任轉嫁他人，進而責難、批評、脅迫，或退縮、敵意、憎恨、壓抑性的沉默，最後導致衝突和溝通破裂。

◇個人化和投射都是依賴他人，以及中、低自尊的現象。

重要任務

◇促成改變的兩個要素：覺察和行動。

◇確認你自己的自尊程度。

◇確認並解除有條件的自我價值與自我接納。

◇承認自己用了錯誤之內射及投射溝通方式並修正之。

◇確保你所有的行爲都出於自我尊重及自我關懷之本質。

◇無條件地接納和尊重自己。

第3章

辦公室

1
同事關係
2
溝通與同事關係
3
尋求和接受同事的支持
4
工作士氣
5
解決問題
6
面對固執者之方法
7
重點整理
8
重要任務

同事關係

過去曾在許多學校工作，同事關係很少是健康的、坦誠的、合作的和熱誠的。常見的情況是同事間的敵對、敵意、派系、饒舌、憎恨、孤立、害怕、攻擊、依賴、批評和離間。研究曾指出教師間的關係是教學壓力的主要來源。不良的同事關係對極需同事支持以減輕壓力的教學工作而言，是不利的。許多教師在潛意識裡把自我價值和專業表現連結在一起，任何意見或建議都被解讀成對自尊的威脅，因而產生防衛性行爲，例如，否定、不合作、聽不進建言或以敵意回應。任何一位同事的自尊發生問題時，都會影響到整個同事關係和學校活動的進行。低自尊的教師可能是被動、安靜、而且認眞的在工作，他們給自己很大的壓力，也對學生施加壓力。這種教師常常會有教室管理上的問題。他們不會尋求同事的協助，而讓問題持續惡化。另方面，低自尊的教師也可能會以傲慢、攻擊的行爲來顯現其內在的衝突。這種教師使用的是威權式的教室管理，也常有言語和肢體上的暴力。在教師會議上，他們可能不合作、操縱他人，和他人意見不合時即惡言相向。這些教師的不當行爲是爲了掩飾內心的不安全感。愛支配他人，具攻擊性的教師企圖強迫別人的認可和接納。被動、優柔寡斷的教師經由取悅他人來獲得認可，他們總是迎合別人的需求。

這兩種具有類似潛在自尊問題的教師，常製造不良的辦公室氣氛，因爲他們都過度敏感，而且拒絕改變。儘管如此，所有教師都應重視成熟的關係，尤其是必須營造支持性和正向的辦公環

境，讓那些有著自尊困難的同事（我們都有某些程度的困難）安全的表達他們的需求，並且得到幫助以解決其內心的衝突。建立正向同事關係的主要方法就是成熟的溝通。

溝通與同事關係

許多機構的辦公室，不只是學校的辦公室，常見到同事們在溝通中破壞了關係，並且傷害了別人的自尊。人們很少使用坦誠的／關係式的溝通方式，常見的是使用扭曲式的溝通，這些都會導致缺乏支持與安全感的環境。

坦誠的／關係式的溝通

有兩種主要的溝通方式：坦誠或關係式溝通和防衛性溝通。前者是滿足個人和全體教師需求所必須。這種溝通是坦誠的、親密的、彼此瞭解的，所談論的內容是切題的。教師要進行這種關係式的溝通必須是個高自尊的人，並且相信自己有能力協助別人。教師同時也要認識自己的弱點和脆弱面，並且能適時表達出來。當然，這只能在支持的氣氛下才有可能。

防衛性溝通

人際間常出現防衛性溝通。這種溝通有多種型式。防衛性溝

通是無效的、扭曲的，會形成防衛性的循環。檢視下列的防衛性溝通型態，你可能會發現自己經常用這些方式在互動，雖然這些互動方式會嚴重地傷害雙方的自尊和關係。

批判型

當教師使用批判型溝通時，通常是指控的、批判的，因此將引起別人的防衛性、退縮或反擊的回應。

例如：

批評、指名叫罵、責備
「你是傻瓜」，「你從不聽人說話」。

詰問、質問、質疑
「你確信你知道你在說什麼嗎？」，「你是否告訴我實情？」。

讚美和認可
「你是偉大的教師」，「你把會議的議程準備的很好」，「你的工作做得很漂亮」。

許多人不曾察覺讚美和認可有時對彼此的關係和自尊有負面效果。傳達這些訊息時，通常是好意（除非有言外之意想操縱他人），但是也可能隱含說話者對別人的表現在做批判。假如雙方的關係是批判者對懇求者，則讚美和認可便是負向的。這是否意味你不該讚美或認可別人的表現？當然不是，但要注意兩個問題：第一，要強調努力的過程而不是表現，因爲努力是每次都可

做到的。第二，當讚美或認可被以批判的方式表達出來──「你是了不起的年輕人」── 說話者的意圖是曖昧的，這種訊息易被扭曲。當你對某個人的表現或衣著有深刻的感受時，較正確的溝通方式是：「我對你的論文印象深刻」或「我喜歡你所穿衣服的顏色」或「我很欽佩你能抓住重點」。以「我」訊息的方式來表達你的觀點，但由別人去評估自己的表現。比較聰明的做法是當你要表達你對別人行爲的觀點時，先問他們對自己的觀點。

控制

如果教師是控制型，通常是權威的、威脅的，和說教的，這些會令人害怕或反抗，而引起防衛性反應，例如，默從、抗爭和怨恨。控制型教師不會傾聽別人的意見或觀點，也不顧別人的感覺。這種溝通依接收者的反應，而有不同的結果，可能是攻擊的、被動的、反抗的或順從的。控制型溝通隱含對他人的不信任，認爲接收訊息者無法對自己負責，所以需要他人來控制。這種方式，控制者企圖犧牲他人的自尊以抬高自己，但不會有用。因爲控制型溝通會傷害接收者的自尊，引起防衛性的關係，對於雙方之自我價值均毫無幫助。

例如：

指示、要求、命令

「照我說的去做」，「進行你的工作」，「你必須改變」

警告、威脅、懲罰

「如果你提起那件事，我再也不和你說話」，「你最好按照我說的去做」。

講道、說教

「好人不會支持離婚」，「你知道你一生該做什麼事」，「教師應該能控制班級」。

策略型

這類防衛性溝通是指傳訊者有著隱藏的動機——一般人稱爲「隱藏意圖」——策略性地企圖操縱別人以達到個人隱藏的需求。它類似情感的勒索，但用隱藏的方式。如果接收訊息者對操縱者有所回應，則會強化傳訊者這種防衛性的溝通行爲；如果接收訊息者拒絕回應，則溝通立即中斷。喜歡操縱別人者通常是低自尊的，否則，他應能坦誠的表達需求，而且願意接受對方的任何回應。策略性溝通的目的在於減少失敗的風險，以免丟臉。但是，因爲這種方法缺乏坦誠、信任與眞心，會逐漸破壞雙方的關係。而且因爲傳訊者未能尊重、瞭解和負責任地回應對方，也會傷害對方的自尊。

例如：

非語言操縱

慍怒、退縮、敵意、沉默、嘆氣。

語言操縱

「如果你替我做那件事，我就照顧你」，「沒有人瞭解我多麼辛勤地工作」。

冷漠型

當教師用冷漠的方式溝通時，表示對別人漠不關心或沒感覺。或許教師對於情感的親密或情感的衝突會有不安全感，冷漠的態度可避免陷入感情漩渦，也可免於自尊受到威脅。通常教師會保持「永遠在忙碌中的狀態」來避開遭受拒絕的威脅。然而別人並不能理解傳訊者的冷漠是一種保護，會感覺受到傷害、拒絕和不受重視。在此種溝通中，雙方的自尊和關係都會再次受到傷害。

例如：

退縮、轉移話題
「我不想再討論」，「事情到此結束」。

忽視、隔離、匆促地回應
「不要拿那個煩我」，「現在不行，我趕時間」。

再保證、道歉、安慰、同情
「時間可治療一切」，「我確信他說的話不是你想的那樣」。

「我也是」的訊息
「我不是也有那個麻煩嗎？」，「我不是完全地明白你的感受嗎？」。

優越型

優越型溝通所傳遞的訊息是「我最懂」或「我是正確的」和「如果聽我的忠告，你就不會錯」。以優越姿態溝通的人，事實上

在於掩飾自卑。優越姿態是爲了贏得別人的接受和認可。事實上，效果完全相反，因爲優越姿態剝奪了別人建立自尊的機會。它同時也造成對接收訊息者的依賴（傳訊者需要靠對方來肯定自己）、也容易產生衝突（接收訊息者可能回應「不要告訴我如何過我的生活」)。溝通的原則是「絕不要對別人提出建議，除非他們要求」。

例如：

忠告、建言
「你應該做的是…」，「你為何不離開教職」。

診斷、心理分析
「你是說因為你累了」，「你就是不喜歡男人，不是嗎？」。

固執型

這一類型溝通在教師中最常見，許多教師依據「應該」，「不應該」，「必須」和「一定要」過日子。（本章第六節將詳細討論有關嚴格的問題）。武斷和固執也是一種得到接納和認可的方法。在這類教師眼中，任何的不確定和彈性，都可能顯示自己的脆弱與軟弱，而且有可能失去他人的認可。這種溝通方式不尊重別人的差異，認爲別人是錯誤的，漠視他人的感覺，易引起防衛性反抗，阻礙坦誠的溝通。

例如：

說服、說教、爭論
「關於這點，我絕對正確」，「事實是…」，「只有一個方法來做這件事情」。

防衛型溝通反映出辦公室中缺乏安全感與支持，教師覺得自尊受到威脅，不能坦誠相對，不能互相信任，會形成不良的同事關係。

坦誠溝通和防衛性溝通的差異：

防衛性溝通	坦誠溝通
批判的	不是批判性的
控制的	寬容的
策略的	自發性的
冷漠的	同理的
優越的	平等的
固執的	彈性的

所有教師都應能透過溝通以營造正向、坦誠、關懷和信任的關係，不只是在辦公室內，在教室也一樣，因爲孩童會模仿成人的溝通模式。良好的教師士氣比較容易建立相互支持的氣氛。健全的關係完全建立在每一個人有高層次的自尊。

表達需求

溝通的目的主要在滿足需求，防衛性的溝通很少滿足需求，坦誠的溝通才能得到需求滿足。

有四種表達需求的方法。其中之一是直接明白地說。例如，校長對你工作的安排未事先知會，你生氣了，因爲你希望能得到商量。你可以直接明白的傳達訊息給校長：「校長（直接地），當決定與我有關的公務時，沒有先和我商量，我不喜歡這樣，我想懇求以後類似事件能先和我商量一下」。這種方式很少見。比較常見的表達方式是：

◇間接但訊息明白。
◇直接但訊息不明白。
◇不直接訊息也不明白。

以前述例子而言，「間接但明白」的模式爲：「那些幫別人的工作做決定的人（間接）讓我生氣」。校長可以全然不管這份訊息，因爲沒有指名是他，而且他沒有責任去解釋扭曲的訊息。你有責任傳遞直接而明白的訊息。一般人的溝通方式是「直接但不明白」，因此傳遞給校長的訊息變成：「校長，你以爲你在校內可以做任何你想做的事」。現在，訊息是直接給校長的——用了許多「你」字—— 但是內容完全隱藏住了。校長不知道你爲何震怒。我們都習慣以「你」的方式來傳達，卻絲毫未提自己，因此眞正要傳達的訊息不見了。前面提過，訊息必須是百分之百有關傳訊者。「你」訊息的方式易受到扭曲，而且會傷害接收訊息者。直接但是訊息不明白的溝通最常導致的防衛式反應是：「你

總是抱怨」。由於雙方都陷入有問題的溝通模式，因此溝通會破裂。不直接又不明白的溝通則完全扭曲事實並導致各種不良的關係。譏嘲和諷刺是典型的模式。這個例子會變成：「你知道嗎？大家都可以只想到自己」。

正確的溝通方式是使用直接而明白的陳述，而且訊息必須是以「我」來開頭，不是以「你」來開頭。以「你」開頭的訊息是批判式的、批評的、優越的、固執的、會傷害自尊。以「我」爲開頭的訊息，完全擁有自己的需求或感覺，而不強制對方回應。坦誠的溝通能尊重同事、接受同事在見解、想法和態度上的不同，而且允許同事有回應或不回應的自由。

使用直接而明白的溝通能營造互相支持的辦公環境。

尋求和接受同事的支持

除了溝通之外，還有其他因素影響著辦公室氣氛。其中一個因素是教師能尋求和接受別人的幫助和支持。這種行爲不常見，因爲教師必須先具備下列三個條件，才能突破尋求與接受支持之困難。三個必備的條件爲：

◇瞭解尋求和接受支持是減輕壓力的必要條件，而且它是平常的事。

◇能重視和尊重自己的感覺，能夠確認自己的感覺並且能坦誠的說出來。

◇能接受自己的脆弱，信任和接受別人的關懷與幫助。

「軟弱」就是力量

我們大部份人所想的是：不可以表現軟弱或脆弱，而且不要求助。許多人視求助爲軟弱的現象。但是每當你克制尋求支持和協助的需要時，你同時也錯失了成長的機會。St. Paul說的好：「在我軟弱的時刻，我是堅強的」。由於接受軟弱才有成長的力量，才有知識能力來克服困難。同事中有許多的專才、智慧與支持可資利用，但很少人用它。年輕教師可從資深教師身上學習很多。在班級管理上遇到困難的教師，可向在該班教學順利的教師請教—— 因爲後者的方法是有效的，而前者的方法是沒有效的。教師們可一起分享與討論如何處理問題學生。教師單獨面對這種學生是不可能成功的。許多教師害怕向同事求助，因爲他們擔心同事會認爲如果他們沒有辦法處理問題學生，就不該來教書。他們的害怕不是沒有根據的。如果希望教師能互相協助，必須是不會受到批判。不過，你自己要能不受同事的影響，下定決心從脆弱和軟弱中成長。

幸福感和危急感

第二個必備條件與溝通中感覺的表達有關，表達感覺是溝通中的核心。大部份的人不重視自己的感覺，特別是害怕、生氣、悲傷、憎恨、忌妒、罪惡等感覺。人們認爲這些感覺是「不好的」

或「負面」的。而愛、舒適、愉悅、信心、熱誠等感覺則被認爲是「好的」或「正面的」。當你認爲某些感覺是負面的，將會難以表達，因爲你自己無法接受它們，而且會擔心別人也以負面的態度在看待你的感覺。既使是所謂的「正面」感覺，許多人也很難表達出來，因爲他們害怕被拒絕。尤其是男性，因爲孩童時期建立的刻板印象，使得他們總是壓抑感覺，不擅於表達「好的」感覺。這方面，女性比較幸運，比較能表達各種感覺，生氣除外。因此女性的身體比男性健康，平均壽命長八年。研究顯示，男性因爲長期壓抑憂傷、悲傷、怨恨、害怕、威脅等感覺，容易罹患心臟與血管方面的疾病。最近研究指出，女性若壓抑各種情緒，例如，生氣、寂寞與害怕，也比較容易患乳癌。無法表達憤怒，也和某些癌症關係密切。

在此要強調的是沒有所謂「負面的」或「不好的」感覺。所有的感覺都是正面的，沒有好與不好的之分。我較喜歡使用幸福感和危急感來形容，前者指的是所謂的「好」的感覺，後者是指被誤稱爲「負面」的感覺。幸福感名符其實，因爲你正處於「幸福的狀態」或正體驗著幸福。危急感更爲貼切，因爲你正處於「危急的」狀態，必須採取內外在的各種方式來讓你回復幸福的狀態。害怕和生氣的危急感在於提醒你需要做情緒的治療，如同身體疼痛在提醒你必須看醫生一樣。不論是危急的感覺或身體的痛楚都是正面的，都在提醒你必須採取行動來回復情感或身體的健康。

感覺本身不會傷害自己也不會傷害他人。憤怒只是一種感覺，感覺本身不會傷人。但是，行動會傷人，不論是言語、非言語、文字或肢體的行動都會傷人的。用攻擊來表達憤怒是對別人

的傷害。對別人造成傷害的是攻擊的行爲而非憤怒的感覺。憤怒是正面的，它提醒你處於危急情況，並賦予你能量去因應危急情況。當你覺得憤怒快爆發之時，最好先把憤怒減低至可控制的情況，否則的話，它很可能會以攻擊的方式表達出來。攻擊會使別人受挫折、破壞關係，而且解決不了問題。爲了控制怒氣，最好的方法是採取一些身體行動。例如，生氣時，先離開憤怒的目標（例如，學生、小孩、配偶、同事、朋友）。憤怒是因需要未獲滿足，在憤怒降低後要以肯定、直接和明白的方式，用「我」爲開頭來傳達自己的訊息，而不是傳達別人的訊息。

人們很少擁有、尊重和珍視自己的感覺。我們習慣於壓抑或投射危急的感覺，用攻擊方式：「就是你讓我痛苦的」，或用被動操縱的方式：「我對你這麼好，而你如此待我」；或用非語言操縱方式：滿懷敵意的沉默或慍怒。有一種更嚴重的反應方式是「壓抑」（repression）（不論是幸福感或危急感）。壓抑時，個體並未意識到自己在阻斷感覺。這種人常常是平靜的且帶著微笑——好像對別人的幸福感或危急感沒有反應，他們自己也不表達這些感覺。曾有一位教師因強迫症（obsessive-compulsive）來求助，她在睡前或早晨離家前總重複的一再檢查開關（電燈開關、水龍頭、廚房開關）。她主要是擔心水龍頭，但是強迫性行爲擴及其他的開關。這位教師對自己行爲的合理化解釋是「我害怕屋子淹水」。每晚要花好幾個小時才能上床，而且常常必須起床再檢查才放心。同樣地，她必須早起以便一再檢查，而且在往學校的途中又折回來檢查。她三十多歲，沒有異性朋友和性關係。也沒有親密的女性朋友。她極端害怕表達任何感情，不論是愛、害怕或生氣。在她小時候，她的父母從未表達這些感情，也不能接受這些感情。從小，她學會的是以「壓抑」所有的感情來獲得安

全感。她自我接納的依據是「我必須沒有情緒」。但是感情是不由自主的，到了三十多歲，她壓抑了太多的感情，這些感情需要被看到與被關懷，但是在她的潛意識裡，這是極度威脅性的。不是「屋子會淹水」造成強迫行爲，而是「感情的洪水」在做怪。當她慢慢學會表達不同的感情之後，強迫症問題也就消失了。下面的詩篇說明了強迫症的痛苦：

強迫症

檢查、檢查、再檢查！
扭轉、扭轉、再扭轉！
扭緊、扭緊、扭緊！
快點、快點、快點！
啊！都沒問題了。
不、不，再檢查一遍！
只要再檢查一遍，
回來、回來、回來！
燈、門、水龍頭，
開關、窗户、瓦斯。
睡吧、睡吧、睡吧！
放輕鬆，放輕鬆，放輕鬆。
不，不可打盹！
再起來查看一回，
沒有淹水，沒有浪費，
沒有燈，沒有火，
沒有洪水，

沒有爭吵，
沒有坦誠，
沒有感情，
世界將靜止。

洗呀，洗呀，洗呀！
刷呀，刷呀，刷呀！
五次！
幾次了？
不行，重新開始！
一，二，三，四，五，看！
交叉地洗、上下地洗，
一次失誤，重新開始。
皮膚像新生的。
流血了，流血了，流血了！
沒關係！
一而再，再而三地洗。

擦呀，擦呀，擦呀！
安全了，安全了，安全了！
乾淨了，乾淨了，乾淨了！
誰坐哪兒？
他是否碰了那兒？
我是否碰了那兒？
洗呀，洗呀，洗呀！
刷呀，刷呀，刷呀！
輕率的，輕率的，輕率的！

骯髒，骯髒，骯髒！
不乾淨，不乾淨，不乾淨！
不值得，不值得，不值得！
從不停止追尋！
潔淨的，潔淨的，潔淨的！
可恨的，可恨的，可恨的！
不純潔的，不純潔的，不純潔的！
誰會愛我呢？

現在你應能瞭解給予和接受支持是多麼不簡單，而表達幸福和危急的感覺又是多麼的困難。無論如何，要知道所有的感覺都是正面的，而擁有、珍惜和建設性地表達感覺可以解決個人和人際間的問題。

依賴和獨立

在大多數人的觀念裡，認爲從不求助便是獨立的，反之，則爲依賴。這是否正確？幾乎是錯誤的，因爲我們的許多需求在關係中才能獲得滿足——例如，需要愛、支持、知識、專長、忠告、溫暖、友誼、同伴、性滿足等，這些需求得到滿足，才能生存和成長。如果你不要求支持或協助，表示你在忽略自己。問自己，是什麼阻止你提出要求：是害怕被拒絕？被批評或被否定？如果是，那麼你的沉默是一種依賴，一點都不算獨立。獨立是指你要求他人支持或提出自己的需求，但是不受他人的回應之影響。如果你向某人提出要求，如對方「拒絕」了，你便以負向方式回應，那麼你就是個依賴他人的人，亦即期望他人替你負責。

提出要求並不是一種命令。如果你是獨立的，你會希望別人能自由回應，而且你對「拒絕」的回應和「肯定」的回應都是一樣地珍惜。獨立是能尋求和接受協助，允許對方自由回應。而依賴則是不敢表達需求與尋求支持，要不然就是以命令的方式來要求。有趣的是，當友人向你求助時，你會覺得如何，答案通常是「我覺得很高興，有受到肯定的感覺」。但是問你：「你是否尋求別人的協助？」──答案通常是「否定的」，因爲你怕別人拒絕。

在關係中，重要的是我們必須彼此關心、肯定、給予建議和支持。

在壓力大的職業中，彼此的支持和協助更形重要。教師團體中蘊含豐富的互助資源，可以激發創造力、開發智慧、提供支持和肯定。可惜的是這些資源都很少被開發。

工作士氣

工作士氣是營造支持性關係的根基，也是團體的原動力。增進士氣是全體教師的責任，校長尤其重要。沒有校長積極的鼓勵和參與，是不可能增進教師士氣的。

營造教師工作士氣有五個要件：

◇教師之間高水平的互動。
◇全體教師共同做決策。

◇領導者的可親近性。
◇領導者對教師的肯定，以及教師間互相肯定。
◇教師對領導者的肯定。

教師間互動的水平

教師間互動越多，工作士氣愈高。有些教師像夜間擦身而過的船隻，沒有交集。互動越多元化越好，無論是社交、問題解決、支持、肯定、策劃、關心、創意或運動，各方面都可以有互動。校長必須留意教師的互動。不參與互動的教師可能本身比較脆弱，沒有安全感，此時需要校長予以關心和照顧。過度主控互動的教師也需要微妙地加以處理。這兩種極端的教師會不自覺地影響教師之工作士氣，因此皆需要加以協助和瞭解。

決策

我曾向一個教師團體提過我的經驗，有些校長把自己藏在辦公室內，只會下達命令，而很少開教師會議。聽眾紛紛反應他們的相同經驗。有些教師說會議雖然舉行了，但是決策是在校長來開會之前就決定了，教師並沒有參與決策。這是不智的，因爲未經教師參與的決策可能會引起教師的不合作，有時還會被蓄意破壞。這樣的決策沒有尊重教師參與決策的權利。經由共同參與的決策較容易付諸實施，教師們覺得他們是決策的一部份，在商量的過程教師覺得受到肯定與尊重。欲營造良好的工作士氣，必須有定期舉行、組織完善、目標導向的教師會議。如果只爲開會而

開會則會製造挫折和困擾，進而削減工作士氣。

領導者的可親近性

有效的領導是學校效率之根本，在第六章會進一步討論。校長的易於親近是教師工作士氣的重要因素。許多校長抱怨他們花很大的精力在處理教師的低工作士氣上，教師們失去動力而且不願面對工作挑戰。雖然不容易做到，但卻是重要的，那就是校長必須有高的可親近性。除了特殊情況外，平常要讓教師知道方便的溝通時間，最好是能隨時溝通。與教師溝通時要注意非語言的訊息，例如，缺乏眼光接觸、談話匆促、說話太快、不斷看錶、急躁、表情凝重、浮躁等，這些都在傳達不可親近性。還有，不能傾聽、不關心同事的個人生活，對教師個人或工作上的困難不表關心、不願授權、不徵求意見、不求助、責備、批評、不記得教師名字等，也都在表示校長的不可親近性。親近是藉著善意的眼光接觸、傾聽、關心、注意教師的壓力和委屈、單獨和教師談話、要求支持和協助、承認自己的脆弱並且積極回應教師所指出的要求。

教師間的相互肯定

一般人很少擁有極高的自尊，同事和領導者的肯定有助於自尊的成長。縱使你已有高自尊，受人肯定依然是愉快的經驗。大部份的人仍需要別人的認可。認可、尊重、珍視、肯定、鼓勵、讚美都不常見於教師互動或領導者與教師間的互動。較常見的反

而是批評、逃避、沉默、負面饒舌和打擊式的互動。這種方式會破壞自尊和教師士氣，所有教師，尤其是領導者都應該培養肯定他人的藝術。給予肯定雖然是小事，但其成效是非常值得的。

下列為一些給予肯定的原則：

◇給予真誠的肯定。

如果你不是出於眞誠而且覺得這個人不值得肯定，你的非語言會透露出你的內在訊息，這樣的肯定將因為不夠眞誠而遭到拒絕。

◇不期待回報地給予肯定。

一般而言，如果一個人以防衛的方式回應他人的肯定時，意味著這個人需要更多的肯定。不要放棄，肯定是表達你的感覺而不是期待回應。最後，對方將會發現你的誠意而接受肯定。

◇最佳的肯定是真心真意地對待。

不要用言過其實的讚美（這很少是眞誠的）。一個關懷的眼神、點頭、微笑等都足以讓同事感受到你的肯定。重要的是要眞心眞意地相待。

◇要確保肯定是無條件的，沒有隱含的動機。

◇給予肯定時，不要期待他人有所回饋（例如，回報以肯定、讚美或恩惠）那就變成操縱而非肯定。

◇時常給予肯定，營造同事間相互肯定的風氣。

◇不要使用口頭禪、術語，以及誇張的用詞（「太好了！」、「太棒了！」、「好極了！」），要真實與真誠。

◇發自內心、無條件的肯定最有效。

◇肯定的焦點必須是對方所重視的部份。

找出受肯定對方最看中的事物。例如，對方的衣著、工作、口語表達、肢體語言、出身、社會、文化和教育背景。也可就特定主題來肯定對方，例如，知識、興趣、嗜好、社交行爲等。

建設性回饋

在彼此肯定的氣氛下，比較容易在意見不同時提出建設性回饋。給他人肯定通常是比較容易的，而針對不同的意見進行溝通較不容易。在面對未滿足的需求，或處於生氣、怨恨的狀態時，也不易溝通。

爲了不讓低自尊者將回饋當成是對其自尊的威脅，在給予回饋之前，要先和對方建立肯定的關係。

◇不要當著別人面前。

當你要給予回饋或表達你對其行爲之意見時，最好是私下個別進行，以尊重對方。

◇勿拖延回饋的時機。

延遲表達你的不滿足或憂慮只會導致更大的壓力，而且累積久了之後，常會出現誇大的不當表達。回饋的時機和地點都很重要。當你有「危急」的感覺時，要儘快提出回饋，告知對方。但要選擇你們雙方最不可能發生衝突的地點和時間。

◇針對當前的問題。

把討論的議題拉回到過去會升高衝突。「到博物館去把所有舊骷髏找出來」，將過去一些和目前毫無關聯的議題扯進來只會使問題更模糊不清，而且通常會產生更多的傷害、憤怒和困擾。不要讓討論脫離你所關心的主題，經由坦誠討論來解決這個主題。有一種稱之爲「破唱片」的技巧，就是讓你一再重複把握住討論的議題。以前面提過的例子來說——「校長，我希望在決定我的工作之前能先和我商量」，「我要求將來這種事情要事先和我商量」——如果校長回答「你知道我很忙，有好多事要處理」，適當的回應是「我瞭解你忙，但是當決定…」，要讓這種過程一再重複，直到你覺得對方接納了、而且有個合理的解決。

◇把行為和個人分開。

不要把導致衝突的行爲和出現該行爲的個人相混淆。我們總是會對個人貼標籤，而使對方感到挫折並且有被批評的感覺。假如一個人因爲不夠敏銳而被說成「你如此地漠不關心」，或是小孩子因爲不夠盡責而被說成「你好懶」，或是校長因爲沒有回應教師的需求，而被說成「他無法溝通」。對人貼標籤會引起防衛行爲，並且傷害人的自尊。

◇不要重提舊事。

◇只談第一手的資料。

對領導者的肯定

上述有關肯定和對困難議題的回饋原則適用於教師和校長間的關係。誰來肯定領導者是重要的課題！往往教師只注意到自己需要被肯定，但是忘記領導者也有同樣的需求。教師與領導者的相互肯定，將形成雙方間的良性循環。

解決問題

任何社會系統都會產生問題。如果問題無法獲得解決，則該

系統有失功能。反之，若把問題當成是一種挑戰，是改善關係和增進資源的機會，並且予以解決，則此系統的功能是良好的。健全的系統（例如，家庭、教室、學校、教師、社區團體）能自然地循著步驟去解決問題，功能失調的系統則連問題解決的第一步——發現與確認問題都未能做到。問題解決的方法很多，以下提出「七個步驟」的問題解決方法。

發現與確認問題

問題可以歸類爲工具性（instrumental）以及情感性（affective）。工具性問題和系統中的資源與責任有關。學校內的工具性問題有：教室太擁擠、沒有人力協助、缺乏教具、課程問題、作業問題。情感性問題包括：個人以及人際間的情感與行爲問題。例如，校長過度操縱與控制；校長太消極，沒有主張；教室管理問題；教師焦慮、沮喪、酗酒等個人問題；學生的攻擊行爲和不合作等問題。

問題解決的第一步，最重要的是發現問題。通常學生所發現的問題，並不被看重，而教師提出的問題則比較被信任。如果是家長發現問題，例如，發現教師對學生有攻擊和批評行爲，得到的通常是教師的防衛與不願面對問題。如果教師發現同事的問題行爲，並向校長報告，校長可能不會理會該問題。多可惜呀！問題都未能獲得正視。

工具性問題比較容易被發現。情感性問題由於對個人的自尊較具威脅性，所以常常被否認、壓抑或投射到別人身上。有時

候，工具性問題隱含著情感性問題，例如，課程問題常與教師間的競爭，害怕失敗，或對學校領導者的怨氣有關。

不論是情感性或工具性問題，都隨著問題的存在而有情感上的壓力。從非語言行為，例如，面部表情、聲調、音量、緊張的狀態、眼神，和姿態等，可以發現潛藏的情感，並瞭解該問題對人們的嚴重度。

問題的溝通

問題被發現之後，接著發生的事常令人覺得不可思議，因為通常未見任何進一步的處理。常見的是：學生不會告知校長、教師或是父母，他們曾受到的迫害。教師也不會說出他們所知道的同事之教室管理問題。在發現問題之後，典型的後續現象是私下說長道短、抱怨或覺得無能為力，或是責備，這些都缺乏建設性。當問題發現後，需要的是提供建議或針對問題直接處理。記住，問題需要予以正視，不是去數落那一個人的錯，而是要從問題解決中來促進系統的成長。

腦力激盪問題解決方法

在解決問題的過程中，這一步最富創造與活力。這是讓每一個關心問題的人努力去想解決之道的過程，每一個人將腦中所想到的可能解決之道逐一提出。每位與問題有關的人都要參與。不幸的是，學生在這個過程中通常都未參與，雖然問題解決的結果

可能會直接影響他們。解決教室管理問題，最好全班學生都參與腦力激盪的過程。有時候也需邀請家長參與提出意見。

腦力激盪的重要原則是不論所提的方法多麼偏離主題，絕對不予以評論或批評。任何的評論將阻斷思考的創發力，因爲沒有人願意去承受訕笑或羞辱。類似「全是廢話」的口頭評論會破壞腦力激盪，任何不當的非語言訊息，例如，嘆氣、敲桌子，詭異的微笑，或揚眉等都對腦力激盪具破壞性。

所有解決之道都必須被紀錄下來，每一個人的努力都要給予肯定。

選擇解決之道

這一步可能是最困難的，每一個人在這一階段都會有不同的意見。要選擇人人都滿意的解決之道總是不容易的，常常會產生僵局。若從下述兩方面來思考將比較不會堅持己見：一個是工具性因素，也就是考慮必須做什麼；其次是情感或關係因素，所提出的解決之道和誰有關，誰將獲益。如果只考慮「必須做什麼」，沒有人願意負進一步的責任，但是如果考慮到情感因素，人們將比較願意接受對同事或學生或校長有所幫助的解決之道。例如，我可能在教室管理上沒有任何問題，而且我也不喜歡受制於新的解決之道或新的制度。在工具性階段，我或許對新的解決之道不熱衷，但是當我考慮到新方法可能對解決同事和學生的問題有所助益，我會較有可能去支持這個解決之道。如果我沒辦法支持，應認眞地想想「是什麼在阻撓我協助陷於痛苦的同事或學

生？」

付諸行動

這是最重要的階段，因爲世界上任何言論都不能改變現狀，但是行動做得到而且有效。有時候，一步一步完成上述各階段，接著可能沒有下文，或是雖然有付出心力去做，但是也只維持短時間的熱度。如果採取績效責任制（accountability system）可避免上述現象。維持績效責任制不是用來管制，而是一種藉由回饋、鼓勵和支持，以促進行動的方法。做法是把責任分攤給問題解決小組的成員，然後小組成員之間在約定的時間、地點開會，彼此報告進度及所遇到的困難。績效責任制必須組織健全並且確實執行。

監督行動的進度

執行有效嗎？假設參與者都認眞地執行，但是問題卻改善不多，最好回到「選擇解決之道」的階段，再做另一種方法上的選擇。如果重新選擇之後改變仍然不明顯，那麼便可能是只處理到問題的表象，忽略了比較深層的問題。爲了找出眞正的問題，必須回到「確認問題」的階段。如前所述，工具性問題常常隱含著深層的情感性問題。曾經有一個由兩、三所學校合併而成的大學校，發生過表面上看起來像是工具性的問題，在進一步調查後，顯示問題在於某學校的教師有潛在的恐懼，覺得未受到另一所比較有名氣的學校之教師的尊重。其它情感性問題也會發生在擔任

所謂「較不重要」科目的教師身上（例如，宗教、家政、公民等科目），這些教師常覺未獲肯定和尊重。事實上，像宗教和公民課程是最難教的，因爲學生的學習動機不高，此類課程的教師容易有教室管理上的問題。所有這些問題都必須予以關注，在所有教師支持下，尋找解決的方法。

問題解決策略的評估

這一階段的主要目的是記取經驗以便作爲未來解決其他問題的借鏡。在教育體制內的問題不可能完全獲得解決。新的問題也會不斷的出現，並且對教育體制產生挑戰，必須有良策來回應學生、教師、行政人員、父母等之不同需求。

如果能從解決衝突的過程中記取經驗，將有助於面對與解決新問題與新挑戰。前車之鑑乃後事之師。

面對固執者之方法

固執而缺乏彈性是發展健全關係的一大阻礙。缺乏彈性的人有著「應該」、「不應該」、「一定要」、「必須」的思考與行爲模式。在福音書中很少生氣的耶穌對這些行爲也生氣了，他向法利賽教派之教徒（Pharisees，古猶太教注重律法型式而墨守成規之保守派成員）說「你的所作所爲好像人類是爲法律而生似的，但是人們比法律還要重要，法律是要讓人明智地，富同情心地使

用」。又有一次，耶穌說「所有法律擺在一旁，全人類需要做的事是全心全意地愛上帝，並且如愛自己般地愛鄰人」。耶穌是多麼地有智慧，他能洞悉如果人類眞的珍惜自己、他人和宇宙時，就不需要法律了。許多國家、社會制度（家庭、學校、教室、各種團體）的問題是人們彼此不尊重、與不相互珍惜，因此才需制定法律、規章和守則，以保護人們免於被疏忽、被虐待、被剝削和被拒絕之傷害。

為了面對並有效地回應固執己見的人，需要深入瞭解固執的本質和功能。底下用一個個案來說明。有一位近三十歲的年輕自然科教師，因為高血壓和胃潰瘍來找我，這些症狀是嚴重壓力的警訊。他堅持必須做個完美的教師，每天花好幾個小時充份準備教材，以便能回答學生的任何問題。他在校的時間整天都在為學生做準備，不允許自己有錯誤。他把自己的非理性期待投射在學生身上，使得學生飽受壓力。每天早晨上班前，他都會害怕與擔憂：「我能應付得來嗎？我會記得所準備的每件事情嗎？我能管好班級嗎？我能得到同事和校長的認同嗎？」這些高度的憂慮升高了血壓，也使得胃打結。當然，他不讓任何人發現這些脆弱的地方。他雖然生病了，也絕不請假。在他任教的八年內沒請過一天假。

所有人類的行為都有其功能，但是固執和缺乏彈性的行為到底是為了什麼？答案是為了保護自己。他的固執是為保護自己免於失敗、被批評和被拒絕的恐懼。他是多麼「聰明」的為自己培養了完美主義的固執態度，他以為「如果我所做的每件事都完美，我怎會遭受失敗、批評或拒絕呢？」一個人怎能永遠完美，行為不可能隨時都完美。他努力去防衛，但功能不夠強，因此產

生焦慮，雖然大部份時候，這個策略似乎奏效。但是爲何這位聰明、能幹的年輕人，生活在不斷的恐懼和固執中呢？恐懼是因依賴而產生的。顯然地，他十分依賴別人以及成功所帶來的認同與接納。仔細想想，他爲何依賴性這麼強？答案是他自信不足，對自己的能力深深懷疑——簡而言之，他是低自尊的。再想一想，低自尊從何而來？低自尊來自孩童時期未解決的衝突。從孩提開始，不論他在學業上、體能上或其他方面表現有多好，父母永遠都告訴他「嗯！你可以更好」。

在生命的早期，他所種下的信念是「你永遠都不夠好」。孩子得到的是多麼不幸的資產！他現在對自己生命的價值沒有信心，停留在依賴別人評價（父母和他人）的恐懼之中。固執的眞相是，他好像在對父母說：「如果我是完美的，你願意愛我、接納我嗎？」。固執的行爲一定是爲了保護自己，是對付傷害和拒絕的武器。若未瞭解一個人固執的原因而試圖解除其固執總是會無效的。當他們的固執面臨威脅時，其固執的態度與行爲會更強烈，因爲他們害怕失去保護自己的武器。問題在於這個武器也使得他們的心理和生理的健康處於危險之中。

欲有效面對固執和缺乏彈性的人，最好先瞭解固執態度和行爲對一個人的功能，以及固執發展的過程。

固執通常是爲掩飾內在的情感，面對有著固執的認知和行爲模式的人，必須從感情層次來與之接近。如果從認知或行爲層次來切入，將失去接觸這個人之機會，因爲固執的認知和行爲是低自尊者的保護膜，自尊提昇之後，固執才有可能會減弱。當自尊提昇，不再依賴和恐懼，也就不需要以固執來做爲保護自己的方

式了。固執的教師或學生，需要藉由肯定、愛、鼓勵、支持來提昇他們的自尊。要讓他們覺得自己是有價值的、是可愛的、有能力的。簡而言之，這個人需要無條件地受到重視。

感情的　　未解決的童年衝突
（有條件的愛或完全被忽視）
↓↑
感情的　　低自尊
（對父母／別人而言，我不夠好）
↓↑
感情的　　依賴
（我需要被父母／別人重視和認同）
↓↑
感情的　　害怕拒絕、否定、批評、失敗
↓↑
認知的　　固執態度
（人們應該接納我；我做事一定求完美；我不能失敗…）
↓↑
行爲的　　固執行爲
（過度工作、不均衡的生活方式、不接收他人回饋、獨裁主義、消極操縱…）
↓↑
生理的　　心身疾病
（心臟病、血壓疾病、腸胃問題、頭痛…）

任何系統中，如果個人之間或不同團體之間不互相尊重的話，都會引起固執的「保護」型行為。

每一個人都有責任去營造一個讓人覺得安全與受到尊重的環境，生活於其中，人們不必保護自己，不必害怕不被尊重、被傷害或被拒絕。

重點整理

◇在學校系統中，同事關係是壓力的主要來源。
◇當同事有自尊方面的問題時，所有的教師都受影響。
◇防衛、不支持的溝通常出現於同事之間
◇溝通主要是表達需求並讓需求獲得滿足。許多需求因為功能不良的溝通而未獲滿足。
◇軟弱就是力量。
◇人有幸福的感覺和危急的感覺，而且兩者都具正面功能。
◇從不向人求助是一種「依賴」的行為。
◇工作士氣是學校教師團體的生命泉源。
◇問題解決能力是社會系統所必須。
◇固執是情感缺乏安全感的徵兆。

重要任務

◇建立坦誠／關係式的溝通。

◆不具評價性。
◆寬容的。
◆自發性。
◆同理心。
◆平等。
◆隨時的。

建立一個安全並且能獲得協助與支持的學校環境。

◇當表達需求時，明確地傳遞出以「我」爲開頭的訊息。
◇把尋求和接受協助與支持，作爲日常生活的一部份。
◇坦誠地表達所有的感覺。
◇當需要時，尋求協助和支持，並且允許對方有「接受」或「拒絕」的自由，這是獨立的表現。
◇建立積極的工作士氣之方法：

◆高水平的教師互動。
◆團體一起做決策。
◆領導者的可親近性。
◆教師與領導者的相互肯定。
◆對於不同的意見、需求未獲滿足和危急感覺做建設性溝通。

◇以問題解決方法有效的處理衝突問題。主要步驟如下：

◆確認問題。
◆向相關者溝通問題。
◆腦力激盪解決的方法。
◆選擇解決方法。
◆付諸行動。
◆監督行動。
◆評估結果。

記住，許多工具性問題的衝突是爲掩飾深層的情感性衝突。

◇固執的教師或學生需要被肯定、愛、認同、支持、鼓勵和重視他們存在的價值。

第4章

學生

1

不良適應行爲是有道理的

2

學生情緒衝突的徵兆

3

師生關係

4

學生的自尊

5

重點整理

6

重要任務

不良適應行為是有道理的

學生在教室中或校園內的問題行為可說是教師的主要壓力來源。用威權方式來管教這些學生不僅無效，而且是不被允許的。威權管教不合乎人性化教育，會阻礙學生的成熟發展。許多教師尚未找到比較建設性的方法來面對學生的問題行為。如果能對學生的不良適應行為有正確的瞭解，當能發展出有效的方法來教導這些學生。

首先必須瞭解的是「學生的不良適應行為是有道理的」。此觀點看似矛盾，我們怎麼可以說上課不專心、攻擊行為、暴力、不寫功課、發脾氣等行為有其道理？然而，孩子的行為在反映其內在的衝突。行為本身不是問題，它在反映孩子遇到了困難。由於學生的行為干預到教學，對教師以及對其他學生而言，這些行為便成為有問題的。因此，他們所得到的通常是處罰。只是，不論你如何處罰，這類行為仍會持續出現，因為你並未瞭解孩子的真正問題，處罰只會擴大其內在的衝突。我曾應邀到一所小學，去輔導一位小學生，他在教室中有嚴重的問題行為。還沒開始上課，我便去到學校。教師向我指出那位孩子，那時他並沒有任何不良行為。我發現這位七歲的小孩比同齡的孩子要瘦小，有點蒼白和衣著不整，當他從我們身旁經過時，有股尿臭味。我坐在教室後面觀察他，通常孩子們很快的會忽略觀察者的存在。這個小孩——馬克，來到座位，從書包中拿出書本放在桌上，當教師要求取出指定的課本時，他不服從。約15分鐘過後，他順服了，但是他開始製造噪音，敲著桌面。教師走到他旁邊，說：「不要製

造噪音，馬克」。數分鐘後，當教師不再注意他時，他去拉前座的同學，教師再一次走下講台來糾正他。在下面的時間裡孩子的問題行爲與教師的糾正行爲交替出現，此循環持續至下課。教師花了很多上課時間在糾正馬克的行爲。然而教師的指責無濟於事。

你可能會認爲教師不得不如此反應。依我的觀察，教師的舉動顯示他並未瞭解孩子的行爲原因。我已可揣測孩子的內在深層問題。我向校長及教師詢問孩子的家庭狀況。馬克來自一個破碎的家庭。父親於三年前離家，之後便沒有任何聯絡。母親在工廠上班，有很大的壓力，對這位男孩非常沒有耐性，很容易對孩子發怒。母親每天在孩子上學前便已去工作，孩子沒吃早餐，也沒洗澡。馬克會尿床。放學後，他得在家門前等約數小時，媽媽才回家。我告訴校長和教師，馬克的行爲是因缺乏關愛以及缺乏被愛、被重視之內在衝突徵兆。除非他的需求獲得滿足，否則他的不良適應行爲不會減輕。再者，他的不良適應行爲常讓他獲得注意，而他的負責行爲反而未得到教師的回應。這位孩子需要的是得到教師的肯定、重視與親近。這種關係可以讓孩子滿足需求，以減少被忽視的內在衝突。另外，當孩子出現負責行爲的時候，教師必須給予立即的增強，以強化其負責行爲，相對的可減少破壞性的行爲。對於孩子的不良適應行爲應該儘量予以忽略，如果一定得糾正的話，必須以正向的、堅定的態度來回應。這位教師發現自己的管理幾乎是適得其反，他應該多關注孩子的負責行爲。教師調適方法之後，孩子在班上的行爲有了明顯的進步。但是他仍然不能和這位孩子親近，他說：「我對每一個孩子的態度都必須一樣」。我告訴他，當每個孩子都一樣的時候，那是對的，但是這位孩子的狀況比較不幸，所以需要特別的協助。他承

認自己無法給馬克溫暖。我也對其母親進行協助，母親同意幫孩子洗澡，給他正常的飲食。校長也同意能給馬克多一些關注。在下一個學期，孩子換了新教師，他給孩子的是一個非常溫暖與肯定的關係。孩子在跟他的這一年裡，沒有再出現問題行爲。

當我們說孩子的不良適應行爲總有其道理，是指說它反映出孩子的內在衝突。不良適應行爲是不能被接納的，因爲它破壞了教室秩序，而且它並不是滿足內在需求的正當手段。然而，必須瞭解的是孩子並非故意爲惡，而是他們沒有學會其它可用來滿足需求的方法。甚至於可說是在其家庭經驗中，正當的行爲並沒有讓他們滿足心理的需求，只好訴諸不良的行爲方式。孩子的不良行爲乃是一種徵兆，必須加以注意。同時必須留意的是每個孩子的內在困難都不相同，因此回應他們的的方式並無規則可循。根據協助兒童、青少年，以及家長的經驗，幾乎每位受輔者所需的治療方法都是不一樣的。

爲什麼孩子的破壞性行爲是一種適應不良的現象呢？如果一個小孩子非常黏人，時時繞在媽媽的裙邊，那麼他有著什麼樣的適應不良呢？由於這位小孩子的行爲並不能解決內在的衝突，甚至於會惡化其症狀，所以我們說他的黏人行爲是一種適應不良的行爲。當小孩子經常黏著父母不放，父母很有可能會感到不耐煩，會將孩子推開，或訓斥孩子：「不可以拉著我」。父母的回應會使得孩子再次驗證了他不被父母所愛的信念，因而更強化其害怕的行爲。此經驗將加劇與持續其內在的衝突。同樣的，一位偷竊的孩子，通常有著內在的怒氣與受傷的心靈，因爲父母忽視他們的存在價值，而且過度操控他們的行爲，使得他們失去被父母所愛、被照顧、被保護、被滋潤，以及自主的權利。不幸的

是，孩子的偷竊行為常導致父母更多的指責，於是其內在的衝突繼續存在。

關於孩子的不良適應行為可用下圖說明之：

層次一	不良適應行為
	↓↑
層次二	徵兆
	↓↑
層次三	特殊的內在衝突
	↓↑
	期待父母／教師／重要他人之特殊回應

父母，教師及重要他人對孩子之回應必須涵蓋三個層次，如果回應只針對層次一的不良適應行為，而忽略了層次三，那麼註定不會成功。本章將說明回應層次三的方法，下一章再說明層次一的問題。

學生情緒衝突的徵兆

要找出那些是屬於危險群的孩子，對教師而言並非難事。孩子會以各式各樣的行為來顯示其需求未獲滿足。當孩子經常出現偏差的行為時，學校、教師，以及家庭均應給予適當與積極的回應。以下將說明孩子的典型不良適應行為。如果孩子經常出現兩種至三種這類行為時，表示他們正處於情緒的衝突之中。

情緒衝突的徵兆

孩子因情緒衝突所顯現的行爲徵兆，可歸爲三大類：身體方面的徵兆、低度控制徵兆，以及高度控制徵兆。其中身體的徵兆常同時出現在高度控制及低度控制的孩子身上。低度控制的孩子通常有嚴重的情緒困擾，而他們的行爲也會給別人帶來嚴重的困擾。他們經常不自覺的出現低控制的行爲，以紓解內在的衝突。常見的低控制行爲有：攻擊、無禮、欺凌與過動。雖然這些行爲對教學及學校管理有很大的干擾，但是對孩子本身而言，則有很正當的心理意義。也就是，他們的行爲是違反社會規範的，必須予以教導，阻止其再犯，然而，必須在瞭解其行爲的心理意義之後，才有可能減少孩子的低控制行爲。這類孩子可說是校長室、學校輔導室，以及心理治療機構的常客，而且男孩比女孩容易以低控制的行爲來反映內在的心理衝突。

女孩們比較常以高度控制的行爲模式來反映情緒困擾，當然，男孩們也會出現此型式的行爲。高度控制的行爲類型有：羞怯的、過度認眞或過度完美主義以及小心翼翼的避免違反規範。這類孩子是安靜的、退怯的、不會給班級帶來任何干擾，所以很少被認爲是有問題的孩子，也因此不易獲得應有的協助。其實，這些孩子的處境比那些低控制型的孩子危險。會發出怒吼聲的孩子，總是比較容易被聽到他們的心聲。因此教師必須用心去留意那些有著高度控制的孩子們之情緒困擾。至於低度控制型的孩子，則不必刻意去注意，他們自己就會發出強大的聲音來提醒教師們。理想上，這兩類孩子的心聲都必須被聽到，給予適當的回應，並教導他們用正確的方法來獲得需求的滿足。現代的教師，

已逐漸重視孩子的情緒需求與福利，也渴望自己有能力來營造健康的教室氣氛，以滿足孩子的情緒需求。

身體徵兆

咬指甲、愁眉苦臉、動個不停、說話結結巴巴、臉色突然泛紅或泛白、經常肌肉痙攣、四肢協調不良、尿床、大便失禁、頭疼、胃痛或其它疼痛、暴飲暴食、體重下降、食慾低落、爆發噪音、慵懶、裝模作樣。

低度控制徵兆

◇學生本身

行爲成熟度低於該年齡應有的程度，過度好動、不負責的行爲、衝動、不用功、惡作劇、缺乏獨立性、容易興奮、失控性的大笑、容易分心、誇大的情緒表現、經常做惡夢、思考雜亂沒有條理、破壞學校公物、撕破書本、說髒話、在牆上寫髒話、說謊、欺騙、偷竊、痛恨上學、重複犯錯、怪罪他人、言語具攻擊性、逃學。

◇師生之間

經常向老師求援、吸引老師注意、討好老師、放學後喜歡跟在老師旁邊、上課時經常搗蛋、過度要求老師的注意與關懷、經常答非所問、上課中不服從管教、舉止過度討好、無法接受批評、經常爲自己辯護、曲解老師的話、誣告老師、抱怨老師偏

心、極度猜疑老師的動機、反抗老師的教導、憎恨權威、不服從規範、怨恨紀律。

◇同儕之間

誇大吹牛、譏諷、扮小丑、凶悍、操縱年幼者、言語粗暴、打架或爭吵、抱怨同學、過度好奇性方面之事物。

高度控制的徵兆

◇學生本身

極度害羞、缺乏自信、獨來獨往、想家、懼學、極度不安與焦慮、膽小、害怕面對新情境、自閉、逃避學校活動、下課時間獨自一人、過度沉溺於讀書、做白日夢、過度擔心、憂傷、缺學習動機、幻想、強迫性的行爲、過度擔心失敗、過度焦慮、擔心學業失敗、完美主義傾向。

◇師生之間

不知如何接受教師的讚美、答非所問、無法回答老師的問題、不主動參與班級活動、過度黏著某位教師、不與教師接觸、不向教師求助、對教師的評語極度敏感、情緒容易受傷、目光飄移、極度緊張、說話打結、考試焦慮。

◇同儕之間

沒有朋友、被同儕拒絕、逃避異性同儕、不參加學校的活動、逃避團體活動、被同學恥笑。

根據上述，可知學生在心理困擾下所出現的徵兆類型相當紛歧，教師必須針對學生的家庭與學校情境來加以瞭解。雖然學生展現的徵兆各異，但是他們有著低自尊的共通性，而他們的低自尊與其內在衝突有很大的關聯。許多研究發現學習困擾和低自尊有關，對於學習困擾的孩子，補救之道首重提昇他們的自尊。當學生的自尊提昇之後，他們會有較高的學習動機，才能打開心胸去接收知識。也就是能和學生建立良好關係的教師，才可能是位能促進學生學習的教師。良好的師生關係是孕育學生自尊的最自然的情境。提昇學生自尊的最佳管道便是在教室中營造良好的師生關係。師生關係的品質影響學生自尊的良窳。學生的自尊就在師生的互動中消長。

師生關係

師生關係有六種類型。在小學階段，如果至少有一年的時間由支持性的教師來帶領班級，那將是幸運的事。如果遇到的是一位嚴苛的、批評性的、負向的、處罰型的教師，而且時間夠長的話，那將是非常不幸的事。在中學裡，學生每天要面對不同型態的教師，適應起來更複雜。在下列的師生關係類型中，前五種類型對學生的自尊都具傷害性。

漠然的師生關係

教師對學生全然的忽視，學生的任何作爲都得不到教師的正向回應。學生處於無價值的狀態。在這種處境中，低自尊的學生將因教師的漠視而深受傷害，高自尊的孩子也會因此而受到輕微的傷害。惟高自尊的孩子能從家裡的支持中來彌補教師的傷害。這類漠視學生的教師，有其深層的心理困擾，是低自我價值的教師，他們必須接受專業的心理治療。

不具情感的師生關係

教師對學生只有教學上的接觸，沒有溫暖的或親密的心理交流，師生間只有教學的關係，沒有情感上的關係。這種關係中，學生也是處於無價值的狀態，因爲學生得不到老師的正向回應與接納。這類教師看起來像個好老師，因爲他們會認眞準備教材，而且會認眞教學。然而他們對提昇學生的自我價值毫無幫助，甚至於對低自尊的孩子具傷害性。這類型的教師也是有著自我價值之困擾。

自我中心型的師生關係

這是一種有條件的師生關係，學生雖然能得到教師的肯定回應，但必須付出代價。當學生的行爲滿足教師的需求時，才能得到教師的肯定。這類教師的自我價值依賴他人對其教學能力的肯

定。如果學生的成績表現合乎教師的期待，便能獲得教師的讚賞。那些未能達到教師期望的學生，得到的是教師的忽視、批評與責備，這對學生的自尊是種傷害，而且在惡性循環下，教師的自我價值亦無法從這些學生的表現上得到肯定。那些無法滿足教師需求的學生，通常是低自我價值的孩子。這些孩子遇到自我中心型的教師時，自尊將一再的受打擊。值得注意的是，大多數教師及父母多少都屬自我中心型，也就是大部份孩子都是在條件式的教養方式下長大。家庭中及學校裡最常見到的條件式教養爲：要乖、要聰明、要聽話、要像我一樣、要敏捷、要向手足看齊、要手腳伶俐。孩子若不符合各種條件，便得不到肯定與關愛，這對孩子的自我價值有很大的傷害。在這種關係中，孩子存在的價值端視其行爲表現是否合於成人的期待而定，而愛則變成控制孩子的武器。

投入型師生關係

這也是條件式的師生關係，不過性質上與前述自我中心型的師生關係恰好相反。雖然這類型的教師也是低自我價值的，但是他們的行爲模式是討好型，他們渴望自己是不可或缺的人物，他們會努力工作，課餘時間仍忙碌不堪，以突顯自己的重要。他們的行爲是下意識的，他們並未覺察自己的行爲動機，當人們質疑其「烈士」的行爲時，他們會以防衛的方式辯說：「『我的工作是重要的』、『別人需要我』。」相對於自我中心型的教師，投入型的教師是爲了學生而存在，當學生滿足其被需要的需求時，便能獲得他們的肯定。這類型教師的內在訊息是：「如果沒有人需

要我或肯定我，我將毫無價值」。符合教師「被需要」的需求，是學生獲得教師肯定的條件。如果學生不希望依賴教師，希望獨立自主，不希望被教師過度保護，將被教師所排斥、冷落與孤立。

自我中心型和投入型教師與學生互動的模式都反映出自尊不足之現象，前者以操縱與控制學生的方式來獲取學生的認可，投入型教師則以討好學生的方式來尋求認可。學生在這兩種形式的關係中，如果不符合教師的需求，都將是輸家，然而縱使學生的行爲表現滿足了教師之所求，學生依然是輸的，因爲學生將會變成依賴教師的認可來獲得自我肯定，或者是爲了討好教師而失去自我肯定與獨立自主性。

共生型關係

共生型關係中，學生不能擁有自我，班級中的每個人都必須一致化，不允許有特殊性，整個班級個體彷彿只是由一個人所組成。這種形式的關係常見於僧侶的團體中。我曾經有七年的半封閉式生活經驗，在那幾年中，我天天穿同樣的衣服，每天思考同樣的事情，天天走同樣的路，每餐吃同樣的食物，在該系統中，沒有個別化與獨立性的存在，任何差異行爲都會得到嚴厲的懲罰。在學校中，如果教師嚴格要求制式化，以及成員間絕對的相互依賴，那麼師生之間將會是共生關係。這種關係完全阻止了個人自我以及獨立性的發展。由於自我的存在和獨立性是高自尊所必須，因此共生關係非常不利於自尊的建立，其對自尊的傷害不亞於前述的漠然型關係和不具情感的關係。

以上五種關係型態會使得孩子產生不安全感、缺乏自信心，以及導致低自尊。每位學生所需要的是讓他們在師生關係中感受到自己存在的價值。同時，也要讓孩子知道他們的出席與否是教師所關切的。有些學生的缺席會讓教師有如釋重負的感覺，當這些學生出現時，教師則會面露難色，不歡迎學生的出現。學生是絕佳的觀察者，教師的負向非語言訊息，對他們的自尊是很大的打擊。學生需要感受到他們在教師心目中的重要性。

同理的師生關係

這是一種可以培養自尊的師生關係，教師無條件的關懷學生。每位學生受到重視與肯定，他們都可以成爲獨特的自己。不論學生的身材體型、膚色、社經背景、知識水平、學業表現、運動技能等之差異如何，每一個都值得被欣賞與被尊重。教師對學生的關懷，純粹基於學生本身作爲一個人便值得被尊重與肯定。在這種無條件的關係中，學生不會因爲犯了錯或成績的不良而失去教師的關愛。這類教師在教導學生遵守責任約定時，其態度是嚴格的，有如那些條件式的、僵化的，以及權威型的教師一般，但是這類教師的堅定嚴格一定是在溫暖的、肯定的關係中爲之。學生在這種關係中被教以學習負責之道，而不是被貶低價值。如果學生仍想逃避責任，教師會嚴格執行學生該接受的後果。但是教師絕不會因此而對學生加以批評、指責、貶低、嘲笑與譏諷。這類教師會讓學生以正向的方式表達他們的意見、擔心、害怕、怨恨、挫敗與困難。總之，學生知道他們作爲一個人的價值永遠會被教師所接納，他們並不會因行爲表現而失去自我價值。

學生的自尊

前曾述及學生行爲問題所隱含的內在困擾均根源於自尊，因此每位教師都應設法提昇孩子的自我評價。提昇孩子的自尊將可減少他們在教室中的問題行爲。

低自尊的孩子

低自尊的孩子很容易被認出來。下列各項指標可作爲指認低自尊孩子的參考。

低自尊學生檢核表

高度控制型孩子可能出現的指標：

◆害羞與退縮。
◆拒絕嘗試新的活動或有挑戰性的活動。
◆不易與同儕混在一起。
◆在學習情境中很拘束。
◆害怕新的情境。
◆容易因受到批評而生氣。
◆害怕失敗和失誤。
◆自我貶抑。

低度控制型孩子可能出現的指標：

◆誇大吹牛。
◆經常逃課。
◆經常要求協助與保證。
◆吸引注意。
◆非常在意自己是否被喜愛或是否有人緣。
◆逃避工作。
◆怪罪他人。
◆經常攻擊或發脾氣。

自尊與學習

教師們常感到困惑的是，有些學生明明有能力，但是卻不肯好好努力。通常高自尊的孩子比較有學習新事物的動力，比較熱衷於接受挑戰。他們在社交情境及課業學習上都比較有自信。低自尊的孩子比較缺乏學習的動力，對他們而言每項學習都冒著失敗的風險。在他們的經驗中失敗只會帶給他們恥辱與否定。他們寧可被教師責備，也不願面對失敗的可怕後果。

一個有趣的現象是，學習本身的成敗並非影響學習動機的因素，而是父母與教師對其成敗的反應深深影響了孩子的學習動力。如果父母與教師只對孩子的優異表現加以稱讚，而對孩子的學業失敗則予以處罰（責備、嘲諷等），將會使得孩子對自己的能力失去信心，也會懷疑自己是否有能力符合成人的期望。這些失去自信的孩子，會努力找出保護自己的方法，以便免於遭受處

罰。然而，事實上他們只有兩種選擇：逃避或補償。這兩種方法都屬於下意識的反應，是一個人處於痛苦情境下的生存策略。成人的處罰愈嚴苛時，孩子的自我保護式反應會愈強烈與愈持久。逃避學習是孩子常用的策略，因爲沒有學習便不會有失敗，沒有失敗也就不會有羞辱。

教師面對這類學生時，通常會有挫折感，會生氣，進而會責備學生，譏諷學生。這些反應常使得孩子更爲相信自己在成人眼中是不値一文的。於是孩子將繼續逃避學習。

採取補償方式的孩子，會向挫折來源挑戰，或是盡力表現以討好父母和教師。後者常被成人所讚賞，但是教師必須對這類孩子特別留意，因爲任何小小的失敗或失誤，對孩子的自尊都是很強烈的打擊。這類孩子是自殺的高危險群，他們對考試有著高度的焦慮和恐慌。有時候，他們的現象常被誤診爲精神分裂症。曾經有一位名列前茅的學生被轉介來做心理治療，她上課非常專心、全勤、主動積極，所有科目都是A，是一位完美的學生。在新學期初，教師發現她有非常明顯的轉變，開始不專心上課，並且未完成家庭作業。她經常愁眉苦臉，一副很沮喪的樣子。在家裡則將自己鎖在房間內。她不願向任何人談內心的困擾。三星期下來，她媽媽終於說服她說出困擾。她說自己很害怕，覺得自己好像被魔鬼附身一般。她被診斷爲精神分裂症，需要住院與服藥。她的父母認爲她的病情並沒進步，由老師轉介到我這兒來。根據學校的訊息，這個孩子有著高度的功課壓力——來自父母、教師和孩子本身。校長提供一份孩子亮麗的成績單，以及她的完美紀錄給我看，這是一位安靜的、從不犯錯的孩子。我有點擔心她可能已和現實脫節，難以幫上忙。我請她單獨和我會談。我在

腦海中的一個疑問是：「為什麼在此時她會出現困擾？」因為孩子在這學期之前的表現是那麼的傑出，為什麼這學期返校後突然有這麼大的轉變？顯然的，這孩子在去年承受了前所未有的功課壓力。她將這些壓力隱忍下來，但是被忍下來的壓力卻以潛意識隱喻的方式展現出來，孩子的幻覺乃是一種內在衝突的隱喻。我們都知道夢在反映人們生活中未解決的衝突，而幻想就像白日夢，在提醒我們有著內在與外在的心理困擾，而這些困擾有待解決。這位女孩已經很明白的說出自己覺得被惡魔附身，為此她感到害怕，擔心自己會瘋掉。當我們瞭解幻覺對她的意義時，將比較能找到治療的曙光。她是位高理解力的孩子，如果她相信我的話，她將對自己的危機有所頓悟。我向她說明人在處理內心衝突時有數種不同的方式，例如，攻擊、退縮、敵意、負向思考、依賴、害怕和隱喻的方式。我告訴她，「被魔鬼附身」在隱喻其內在有著強烈的考試壓力，亦即在她的內在，有著「壓力的魔鬼」，而她自己在九月之後，沒有專心上課，沒有完成家庭作業，所以自己也是惡魔。同時她也想詛咒那些讓她有壓迫感的教師與父母，希望她們都全部滅亡。當我向她提出這些假設時，她的臉部和身體開始慢慢放鬆，晤談最後她變得平靜與鬆弛。她已對自己所謂的「瘋掉」的感覺有所瞭解。我向她的父母說明我對孩子的問題之觀點。她的父親很快的，很有智慧的回答說：「我們才是需要接受治療的人」。他察覺自己所加諸給女兒的龐大壓力。我建議父母退居一旁，讓孩子有較大的自主空間，並且不要再向孩子提考試與成績的事情。我也向教師提出相同的建議。這位孩子和她的父母繼續接受了六個月的治療。在第一次晤談之後，孩子回到學校的表現有百分之八十的進步。再經過兩次晤談之後，孩子已百分之百恢復正常。學期結束時，孩子以優異的成

績畢業，現在已經上大學了。當她不再需要以過度補償的方式來討好父母、教師與自己時，她才能享受爲了學習而學習的樂趣。

有些孩子太重視成績，將力氣都花在讀書上，相對的忽略了社交、情感、創造、體育，以及休閒活動。這類孩子是低自尊的，他們會以追求最優異的成績來補償內在的不安全感。他們的思考是：「如果我的成績最好，媽媽、爸爸還有老師便會愛我！」

有的孩子出現的補償式行爲是：吹牛、攻擊或打架等。這些行爲乃是爲了反抗父母與教師，他們在訴說著：「如果我願意的話，我什麼都能做。但是爲什麼我必須對你們好？我何必自找麻煩？」實際上，不被重視這件事對他們而言是非常困擾的，只是他們不願意讓別人看到他們的脆弱。他們自有一套避開失敗與羞辱的方法。他們的反抗意味著藉由不願遵從課業上的要求，以免冒失敗的危險。任何說服他們認眞讀書的企圖，都會招致他們強烈的反抗。愈強制他們，愈是碰觸到他們的脆弱以及所害怕的失敗和被拒絕的痛苦，所以他們的反抗會愈激烈。

低自尊孩子所採取的防衛策略，均在逃避失敗和羞辱。高度緊張的學生會拼命投注於課業，以避免失敗；傲慢自大的學生則以反抗來避開失敗；退縮冷漠的學生採取缺席的方式來避免失敗。爲什麼孩子會如此呢？因爲每個人都有一項重要的心理需求，那就是自我的價值感、被愛，以及被重視。

教師和父母都必須瞭解的是，對孩子不合理的期待會導致低自尊。同樣的，沒有任何期待，也會導致孩子的低自尊（沒有期

待等於對孩子沒有任何信心）。這兩種情況都可能出現低成就或是過度重視成就的現象。有效能的教師與父母知道如何給孩子恰到好處的壓力，讓孩子感受到正向的挑戰，卻又不至於產生沮喪的感覺。掌握恰到好處的秘訣是瞭解孩子當前的程度，然後以此爲基礎，加上合於現實的期待。

學生的自尊如果未得到關懷，他們很難在學業上有持續性的進步。研究結果顯示，人們的成就受到自我概念的影響，更具體的來說，自尊和學業成績有密切的關係。學生的自我評價深受教師的影響。影響學生自尊的最重要因素是師生關係。尊重的與關懷的師生關係能提昇學生的自尊。

成功的教師在於能同時重視學生的課業學習、情緒狀態，以及學生的自尊，後者尤甚。教育並不能只限於知識與職業技能的發展，重要的是必須幫助學生瞭解自己、尊重自己，能善與人溝通，能欣賞人生的各部份，能和他人與環境有良好的關係，能克服生理的、情感的與人際間的困難，以及能自我激勵與自我引導。

增進學生的自尊

每位學生均有其獨特的自尊程度。孩子的自尊程度大大的影響其在教室中的行爲。在孩子入小學之時，家庭經驗已決定了他們對自己的評價。孩子生活經驗中的父母或其他成人對他們的反應，影響了孩子對自己是否被愛以及是否有能力之信念。如果孩子很少被擁抱，卻常常被罵、被批評、被打、被比較，以及被不

當的期待，那麼他們會深信自己是沒有價值的。孩子對自己的身體外貌、心理及社會特質之信念，均來自家庭經驗。到了學校中，他們所經驗到的受歡迎與否，以及是否有能力等，也會影響自我評價。如果教師想對學生的自尊有所幫助，最重要的是要先提昇自己的自尊。研究結果均指出高自尊的教師能教出高自尊的學生，反之亦然。教師必須注意自己的一言一行，以及任何表情、姿勢與動作，這些都在傳遞教師對學生的評價之訊息。

教師需要做到與學生互動時的任何言語、動作都有利於提昇學生的自尊，雖然這麼做要費很大的心，但是對營造正向的教室氣氛非常有幫助。提昇學生自尊並不需要教師付出額外的時間，反而是低自尊的學生更會佔去教師相當多的上課時間。當學生的自尊提昇之後，將減少在上課中的破壞性行爲，如此一來，教學的時間便可正常。再者，學生的情緒發展和學業同等重要。如果學生有情緒困擾，功課也將無法有進展。除非情緒問題得到解決，否則很難在功課上有所進步。

教師有些行爲對學生的自尊之傷害非常大，例如，批評、諷刺、嘲笑、與其他學生做比較、責罵、貶抑、體罰、侮辱，以及忽視學生的存在等。學生和教師一樣，非常需要被愛、被重視，以及被看到。如果學生得不到這些，他們將會下意識的設法運用各種方法來被你看到，例如，退縮或攻擊行爲均屬之。教師在教室中，最好能以語言或非語言的方式與每位孩子有所接觸，讓孩子覺得被你看到了。教師的眼光接觸、微笑、問候、點頭、向前天缺席的學生表示歡迎回來之意、向那些家庭中有事故的孩子表達慰問、摸摸孩子的肩膀等，這些舉動均能讓孩子感受到教師對他們的正向關懷。教師必須能在與學生相處的時間裡，讓每個孩

子有被看重的感受。

教師應避免對學生有傷害自尊的行爲，並且時時和學生有正向的接觸。除此之外，一些自尊較低的孩子還需要教師給予特別的與更多的正向接觸，以便讓他們感受到下列訊息：

◇「你的行爲是有道理的」。
◇「你屬於這個班級」。
◇「你能爲自己安排，爲自己做主」。
◇「你把事情做得很好，我喜歡你」。
◇「你有自己的獨特之處」。
◇「你有權利依自己的獨特性來成長」。

關於「你的行爲是有道理的」，已於前面有所說明。教師必須協助學生找出所隱含的心理困擾，以袪除阻礙成熟發展以及負責行爲的阻力。雖然學生的不良適應行爲對本人而言有其內在的意義，但是他們的偏差行爲則非教師及其他學生所能接受，因此教師必須能予以建設性的回應，以減少偏差行爲所引起的破壞性（見第五章）。如果這些學生接收到的是教師的瞭解與溫情，而且是正向的要求，他們將比較可能聽從教師的要求。反之，如果學生覺得被教師所貶抑，則其偏差行爲的程度將會升高。

關於「你屬於這個班級」的訊息對提昇自尊的功能已於師生關係部份有所說明。這裡所強調的是學生非常需要被教師看到，讓學生覺得自己是重要的，他的出席與否都是教師所關懷的。必須能讓學生深信自己是班級中的重要成員，很自然的屬於班級團體之中。讓學生有歸屬感的方式很多，例如，把學生的照片或作

品張貼在佈告欄中，都可傳達「你屬於這個班級」的訊息。

學生的安全感來自能擁有持續的、可預測的需求滿足之經驗。從兒童、青少年到成人，需求的滿足是一個持續的歷程。如果兒童對其需求滿足所體驗到的是時有時無，而且很少有滿足的狀態，他們將覺得生活世界（家、教室、學校）是不可預期的，是不安全的。同時，他們會認爲一定是自己有什麼不好，才導致被忽視。如果孩子們的需求能持續的、穩定的得到滿足，他們將覺得世界是可信任的，自己是有價值的。孩子的需求包括生理、情感、智能、社會、性、娛樂、心靈、行爲、想像、創造各方面。此外，他們還必須能接受挑戰、擁有自由、被保護、被規範、負責、接受教導與能有幽默感。班級經營很重要的原則是要讓學生感受到規範的可預期性及持續性，以便學生能清楚教師對負責與不負責行爲所出現的反應。也必須讓學生感受到他們的需求是被教師所重視的，能獲得教師的鼓勵與肯定。唯有如此，學生才能對自己以及對學校有感情與信心。

孩子主要藉由行爲來取悅成人或是來證明自己是有能力的。孩子的行爲目標在於追求自己的能力感，以及其在人際關係中的重要性。孩子在成長歷程中不斷考驗自己是否受到父母的喜愛與接納。這種追求他人肯定的需求會從家庭延伸到與教師的關係，與同儕以及與其他人的關係上。因此，如果教師只注意到孩子的能力，而未能對孩子表達出喜愛與接納，那麼孩子雖然在能力上是優異的，但是他們將不覺得自己的能力有任何價值。也就是教師除了注意到孩子的努力之外，尚需對其努力表示喜愛與接納。在此特別強調「努力」兩個字，因爲教師與父母傾向於只重視孩子所表現的成就，這個傾向常常導致孩子缺乏學習動力。任何的

努力本身都是一種成就，而且經由持續努力，可獲致更高的能力。若大人先設定成就標準，當孩子未達到標準便受到批評時，孩子將放棄努力或是養成投機的習性，要不然就變成一個過度重視成就的孩子。例如，一個三歲的小男孩，當他第一次能把自己的腳放到鞋子裡面的時候，他自己感到多麼的驕傲啊！他得意的看著自己的腳說：「媽媽，你看！」但是媽媽卻批評的說：「你穿錯腳了！」這位母親完全忽略了小男孩所做到的成就，小男孩可能因此而失去再試試看的動力。

在訂正孩子的家庭作業時，也需考慮上述觀點。訂正作業時，應以孩子當前的能力爲標準，重視其所做的付出。有經驗的老師都知道，教導孩子必須以其起點行爲作爲出發點，孩子所犯的任何錯誤只不過表示它需要在那一點上再做努力，以便能力有所提昇。作業上的錯誤不表示孩子是無能的，只是反映當前的學習狀況罷了。大多數教師傾向於只看孩子表現出的成就，而忽略他們的努力。以單字測驗爲例：

考題	兒童的作答
（Boat）	Bote
（Seat）	Seet
（Look）	Look
（Coat）	Cote
（Rain）	Rane

教師的回饋應該是放在肯定孩子所做的努力及孩子目前已有的能力，並能指出孩子應該再努力的目標。然而孩子得到的回饋，一般都是如下所示：

Bote ×　　　　Cote ×
Seet ×　　　　Rane ×
Look ˅

這種形式的回饋讓孩子有很大的挫折，因爲它強調的是孩子尚未達到的部份，而忽略了孩子已達到的程度。適當的回饋必須能針對孩子的努力以及所做到的部份，例如：

˅
Bote
˅
Seet
˅
Look ˅
Cote
˅
Rane
˅

這種回饋讓孩子看到了自己已做到的部份，和所做的努力。同時也讓孩子知道下一步要努力的地方。同樣的回饋原則對大學生也是重要的。他們需要被肯定的是已做的努力，以及需再努力的目標。成績評定的目的不是對學生的能力貼上標籤，而是反映當前所學到的水平。要讓大學生瞭解，若按照教授所指示的方向去努力，必能在知識能力水平上有所提昇。

上課情境中，若兒童在回答教師的提問時，只能答對小部

份，或不知如何回答，表示這正是他學習的好機會。如果教師不予理會，直接跳到下一位兒童，甚至於當場對該名兒童有所諷刺或羞辱，那麼對這位兒童的自尊會是一大傷害。教師應做的是對這位答不出來的兒童加以指導，讓他跟得上大家正在學的內容。這麼做，不會傷害師生關係，也比較能引起他的學習動機。當教師問下一位學生時，必須出不同的問題，否則彷彿在表示那位答不出來的學生是無知的。

教學的另一重要原則是讓學習永遠是一種正向的經驗。尤其是父母，更應遵守此原則，否則孩子在做家庭作業時，常變成是親子的戰場，不時的聽到父母的責備、叫囂、怒罵、否定與不公平的比較。許多教師也以額外的作業來作爲處罰的方法，難怪學生會變得「討厭」上學。學生的學習經驗愈是正向，他們愈會熱心於追求新知，並保持高的學習動機。

教師與父母必須傳遞給孩子之第五個訊息是有關孩子的獨特之存在。孩子的社會自我建立在對自己的獨特性之感受。沒有兩個人是一模一樣的。孩子的自尊建立在對自己的獨特存在之接納與自在感。許多成人仍不能接納自我，因爲在成長經驗中，並未被允許和鼓勵其可以是獨特的存在。在家裡或教室中，兒童的獨特性並未被珍視，然而孩子的需求卻在於能做獨特的自己。教師必須能讓孩子知道：「你是世界上的唯一」，孩子才可以在關係中仍保有自我的空間，能擁有自己在價值觀、想法、感受，以及身體（高矮、胖瘦、膚色）上的獨有特質。教師要允許孩子以自己的速度與步調來學習。在教室中要讓孩子不必擔心自己是否能擁有存在的一席之地。

第六個訊息在於協助兒童爲自己建立獨特的生活型式。操縱性強的教師和父母，將阻礙兒童爲自己建立生活型式，並且有傷兒童的自尊。承繼家業對某些專業工作領域而言，是常見的現象。不過，有一對醫生夫婦，曾因其兒子不願選擇醫學而拒絕了他。後來這位年輕人被退學，深覺對不起父母，也對自己的前途茫茫然。有許多父母要求孩子去實現他們不曾完成的夢想，這是不對的，因爲他們忽略了應先問問孩子的夢想。時移境遷，兩代所處的是不同的時代，而且孩子並非父母的複製品。教師應能教導兒童去追求適合於自己的人生，而不是爲了符合父母與教師的期望，去走不屬於自己的人生。能追求自己人生目標的兒童，才可能有高的學習動力，否則將毫無學習的動機。縱使兒童努力去符合父母與教師的期待，在其內心難免會隱藏著某些怨恨，並爲了無法自我實現而痛苦。

爲了提昇兒童自尊的發展，教師還可在下列各項多做努力：

◇眞誠對待學生。
◇多給孩子個別的關懷。
◇委任學生協助簡單的例行事物。
◇以請求代替命令。
◇正向的語言和非語言行爲。

眞誠是指以一個眞實的人的態度來關懷學生，而不是帶著職業面具的關懷。它是一種坦誠的、開放的、自發性的，以及情感上獨立的態度。尤其情感上的獨立是很重要的元素，學生的行爲乃是在透露屬於學生自我內在的訊息，而非在表達有關教師的訊

息。如果教師不能做到情感上的獨立，將會有防衛性反應，那麼師生衝突也就無可避免的了。此衝突對學生的自尊是種傷害。以一個眞實的人的態度來關懷學生時，心裡會很清楚成功與失敗是用來表示學習狀況的相對名詞，而不是用來表示學生價值的絕對性評量。眞誠的教師能坦誠評估自己的內在，而不會把自己的內在困擾投射到學生身上。

多給孩子個別的關懷，主要在強調師生關係對提昇孩子自尊的重要性。尤其是低自尊的學生比高、中自尊者更需教師予以個別的關懷。給予個別的關懷並不是說要多花教師許多時間，它指的是對學生傳達出教師的關懷、重視與情感。當學生接收到教師關懷、喜愛的訊息時，不論在校內或校外，學生都將不會出現可能會破壞此師生關係的行爲。

教師總有處理不完的事物，可委任給某些需特別關懷的學生來做，尤其是那些很需要有特殊表現的低自尊學生。一般而言，教師喜歡把工作交給能力比較好的學生，然而這些學生在自尊上比較沒有急迫性的困擾。

「請求」代表的是教師尊重學生有選擇如何回應的自由，教師傳遞的是平等的精神。當教師用命令、控制或操縱的方式則會貶抑學生的自尊。

最後，教師需時時提醒自己，勿出現有害學生自尊發展的語言和非語言訊息。孩子對於非語言行爲的敏感度極高，孩子會從教師的非語言行爲中來解釋自己是被喜愛的或不被喜愛，被重視的或不被重視，優秀的或劣等的。重要的非語言行爲有：身體姿

勢、目光接觸、語調、說話速度、表情、話中話等。教師的言語必須具有鼓勵、肯定、稱讚、重視，以及溫暖的正向特質，同時應做到非語言行爲與語言訊息的一致性。如果二者不一致，學生會根據非語言訊息來判讀教師所傳達的意涵。

重點整理

◇學生的行爲在顯示其特殊的內在困擾。

◇學生的不良適應行爲是一種訊號，不可以忽視之。

◇學生的問題行爲，我們稱之爲「不良適應行爲」，因爲該行爲並未能解決其內在的困擾。

◇教師不難指認出處於危機的學生。

◇學生的不良適應行爲可大致區分成低控制行爲與高控制行爲。

◇有些不良適應行爲雖然在心理功能上是有意義的，但卻是不被社會規範所容許的行爲。

◇學生在教室中的自尊取決於師生關係。

◇只有同理的、無條件的師生關係才能促進學生的自尊。

◇學生的自尊水平與學習動機和學業成就有高的相關。

◇低自尊的學生會以逃避或補償的方式來避免失敗所致的羞辱。

◇建設性以及合於現實的挑戰，是孩子發展自我效能感所必須。

◇對於有學習困擾的學生，必須關懷其自尊，否則學生不可能在學習上有長遠的進步。
◇不論教師覺察與否，教師的一言一行均在傳達出與孩子的價值有關的訊息。
◇任何努力本身都是一種成就。
◇錯誤和失敗是學習的契機。
◇拿學生做比較，對受比較者而言是的一種拒絕，對「模範學生」而言是一種壓力，後者必須永遠是比較好的一位。
◇學習必須永遠是正向的經驗。
◇教師的言行，能增進學生自尊，也能貶抑學生的自尊。

重要任務

◇學生的不良適應行為，不論是低控制或高控制行為，都應找出所隱含的內在困擾。
◇早期發現處於危機的學生，能預防不良適應行為的惡化。
◇應時時警惕，不可在教室中製造會傷害學生自尊的關係。
◇要營造同理的、無條件關懷的師生關係。
◇不要因為學生的不良適應行為而破壞師生關係。
◇要以正向的、堅定的態度來導正不良適應行為，但不是針對學生這個人。
◇學生的逃避學習，或過度沉溺於學習，或是厭惡學習，均隱含自尊的困擾，需要教師的協助。

◇要針對學生的努力付出來回應，而不是學生的成就。

◇不可對學生有超過其既有水平太多的期待。

◇學生的錯誤和失敗是教導的契機，而非批評的機會。

◇關懷學生的自尊才能引導學生做更大的努力。

◇避免對學生批評、羞辱、責罵、貶抑，因為這些訊息只會傷害學生自尊，並製造學生的問題行為。

◇用盡各種方法來讓學生感受到他是被看重的。

◇用語言和非語言訊息來提昇學生的自尊。

◇讓學生知道無論他出席或缺席都是受到關懷的。

◇教師的言行必須讓學生覺得是可預期的，以及一致的。

◇批改學生作業時要強調學生的努力、當前已達到的水平，以及下一步應努力的方向。

◇當學生答不出教師的提問時，不要以相同的問題來詢問下一個學生。

◇給予學生個別的關懷能提昇其自尊。

◇低自尊的學生需要教師更多的個別關懷、委任其協助教師工作，以及時時的肯定。

第5章

班級

班級經營不是教師一個人的責任

班級經營不是教師一個人的工作！這似乎和我們所學的以及擔任教師的經驗完全相反。但是，仔細探究一下傳統的管教，可發現，由一個人去管制另一個人的時候必然引起衝突。我們都明白，作爲一個成人，當有人要支配我們，或告誡我們時，我們會有防衛性反應。同樣的道理，小孩子或青少年亦然。有效班級經營的原則是，教室裡的每一個份子，學生和老師，都要負起自我管理的責任。換句話說不是要教師來管理學生，而是要學生自我管理。同樣地，教師也要能自我管理，在學生面前行爲失控表示未善盡責任。常失控的教師，根本沒有立場去要求學生自我管理。這種教師可說對學生做了失控的示範，孩子是會模仿大人的！再者，教師對孩子的攻擊行爲，事實上，是提供受制於孩子的機會。在這種情況下，學生知道他們能「惹火教師」，因爲學生在教室內通常權力不大，所以他們會利用惹火教師的本事當作武器來擴權，尤其是當學生的自尊受到威脅時。

良好的班級經營，目的在於教育孩子對自己負責。任何社會制度，每個份子都應負起某些責任，以維繫社會的秩序、安全、公正、公平，以及和諧。例如，駕駛者必須負起應有的責任，道路系統才能發揮功能。當你在時速三十哩的區域超速，或違規停車而被抓到，不能怪罪交通警察，因爲不負責任的人是你。制裁是爲了確保大家負起責任。若你有不負責任的行爲，得接受制裁。大部份的人樂見對醉酒駕車者厲行重罰。被吊銷駕照的人是因不負責任而接受制裁，若因此而責怪警察也是不負責任的表現。

學校和教室都是社會制度。為了制度功能的發揮，所有的責任均應清楚列出。制度中的每份子有不同的責任：校長、科任教師、班級導師、學生、行政人員和其他人員等。學生在教室內外的各種責任都要清楚列出，公告在每一間教室裡。最好是由學生參與制定各種責任的工作。

學生責任表上需要明確的說明當學生不能遵守責任時要如何制裁。每學期開學時，教師要再度提醒學生該負的責任以及應受的制裁。最重要的是，教師要明白告訴學生，選擇負責任或制裁是他們自己的決定。教師可詢問是否有異議，如果有異議，教師可代傳達意見給擬定責任表的委員們。中學以上和小學的高年級學生代表，必須是委員會的成員。

學生需要不斷地被提醒他們的責任。教師的任務，在於不讓學生逃脫責任。教師督導的前提是對學生無條件地關愛，並且要瞭解每位學生的特質。如果學生選擇不負責任，教師要公正、公平地執行制裁。制裁要合理，因為不公正的制裁，無法培養學生負責任的行為。

班級經營主要是學生的責任，而教師的責任在於督促教室功能有效地執行。任何社會制度都需要不斷地檢核效能。教師不是處罰學生的人，而是提供選擇權給學生，讓學生要對自己負責。將責任還給學生，並且相信他們能夠做得到，可以促進自尊的提昇。

高控制和低控制的問題

班級經營的困難已成爲許多教師的主要壓力來源。權威式管理幾乎無效了，有些教師對於教室內學生的偏差行爲拙於應付。我們都知道這些偏差行爲是學生潛在的情緒或社會適應不良的徵兆，如果要根本解決問題，需要瞭解這些潛在衝突的原因。但是，直接有效的回應也是必要的，因爲學習需要有一個安靜、與和諧的環境。在第四章第一節中提過高控制和低控制的問題，低控制會嚴重地影響教室經營。大部份的教師知道那些經常搗亂的學生，通常都有個問題家庭，要取得其家長的支持和合作是困難的。不過教師如果具備情緒和行爲偏差的相關知識，會比較瞭解問題行爲，而且對於問題行爲較能以建設性的方法回應。

學生的情緒和行爲偏差可能是兩種成長環境所致。

首先，問題可能來自兒童在社會化過程的缺失。舉例如下：

◇在三歲前缺乏正常的母愛，或來自單親家庭。

◇父母的不良示範，不尊重自己或者他人，行爲違反社會規範，例如，具攻擊性、沒主見、不良溝通技巧、不負責任等。

◇缺乏基本的生活經驗。兒童所生長的環境，在價值觀、道德觀以及行爲標準方面，與成長後必須適應的環境完全不同。

第二種導致情緒和行爲偏差的環境是讓兒童承受過度的壓力，無論來自外界或者來自兒童本身的壓力。外界的壓力，常來自操縱與控制或過度苛求的父母，或是父母親酗酒、婚姻不睦、家庭暴力、父母缺乏社會能力等。問題也可能來自「被寵壞」的孩子，因爲被寵壞的孩子不會自我控制，也缺乏容忍力。父母反覆無常的行爲也會帶給孩子壓力，因爲孩子不明白行爲底限在哪裡，因而在父母兩邊投機取巧，就像大人一樣，孩子會找機會逃避責任。壓力也可能來自孩子內在，例如，生理或心理的不健全，發育遲緩、在校成績不佳等。有許多的孩子因爲生理或心理的障礙導致情緒的偏差。

教室中的低控制問題

學生在教室內的低控制行為

上課鐘響時

◇吵鬧地進教室。
◇推擠其他的同學。
◇大聲喊叫。
◇坐下時猛擊書桌。
◇沒帶上課所需資料。

◇不看教師。
◇不理會教師的要求。

上課中

◇搞笑。
◇背對教師。
◇交談。
◇搖晃座椅。
◇在教室內行走。
◇自言自語。
◇打擾別人。
◇用膝蓋頂起桌子。
◇唱歌。
◇製造惱人的聲音。
◇不斷玩弄用具。
◇不理會教師的要求。
◇攻擊性的反應。
◇拒絕回答問題。
◇不理會本身需負的責任。
◇在教室丟擲紙飛機。
◇干擾其他同學的工作。
◇嘲笑、奚落同學。
◇沒交家庭作業。
◇拒絕做課堂作業。
◇爆發脾氣。

◇偷竊同學的物品。
◇發表不當的言論。
◇破壞同學物品。
◇逃課。

下課時

◇衝出教室。
◇推擠同學。
◇大聲喊叫。
◇發表自以爲是的高論。
◇避免眼光接觸。
◇不理會教師要求。

教室外

◇欺負同學。
◇違規吸煙。
◇亂塗牆壁。
◇破壞學校公物。
◇偷竊別人物品。
◇在學校走廊追逐。
◇在學校走廊大聲喊叫。

對於那些經常出現上述問題的學生，需即時的予以關懷。這些行爲可能伴隨其它方面的學習困難，也會受到同學排斥。瞭解

這些學生的家庭問題與文化背景有助於處理問題，但是不可因其家庭與文化問題，而有「無能爲力」的想法。所有的證據顯示，有情緒上及行爲上出現問題，或是有文化適應困難的學生，只要受到重視、肯定與尊重均能恢復良好的適應，並且能在學校和教室內積極地負起責任。事實上，並非所有學生的問題都是家庭的產物。有些問題起因於教室或學校。最常見的問題是懼怕教師。一般而言，讓學生害怕的教師有著共同的行爲特質，都具有傷害性，例如，譏諷、易怒、急躁、器量小、言語暴力等。教師用譏諷和言語暴力來對付沒有禮貌的學生，是不恰當的。教師的傷害性行爲只會促使學生態度惡化，或是造成退縮、無言的怨懟，總之對學生是一種情感上的傷害。退縮的學生會受到傷害，反抗的學生會頂嘴，心懷怨恨的學生會製造事端，結果是製造了一個充滿傷害氣氛的教室，無任何學習可言。

懼怕考試也是現今最常見的另一個教室問題。懼怕考試的後果可能是：焦慮、注意力不集中、記憶力衰退、失眠、頭痛、肌肉緊張、心智衰退、沮喪、自殺等等。孩子的害怕來自父母或教師對成績的要求。教師必須讓學生對考試感到興趣，並且讓學生向自己的能力挑戰。教師應解除對學生的成績壓力，鼓勵學生盡力而爲。最重要的是，要提醒學生，學業表現不是個人價值的指標。

再者，有些學生，尤其是青少年處於變聲期，也許是過度在意自己的聲音，所以懼怕在教室中起立說話。教師要瞭解他們的困難，儘量讓教室活動輕鬆自然。

教師的不當行爲

教師必須省察自己的行爲，看看自己的行爲是否爲導致學生行爲偏差的原因。教師可能出現的不當行爲表述如下。這些行爲可能反映出教師本身的缺乏安全感，應正視之，並加以改進。

教師在教室內的不當行為

教師—學生間的溝通

◇對學生吼叫。
◇命令、操縱和控制學生。
◇譏諷、諷刺。
◇取笑、辱罵、批評。
◇將學生貼上「愚笨的」，「乏味的」，「軟弱的」，「懶惰的」等標籤。
◇以肢體威脅學生。
◇推擠學生。
◇對學生施加暴力。
◇以寫作業或背誦作爲懲罰。
◇不聽學生訴說。
◇拿學生互相比較。
◇批評學生。
◇不喜歡某些學生。

◇明顯的偏袒某些學生。
◇不記得學生的名字。
◇不稱呼學生的名字。
◇太嚴苛。
◇對學習遲緩的學生缺乏耐心。
◇對學生期待太高。
◇不關心學生是否能跟得上學習。
◇對學生沒有愛心。
◇處罰寫錯和考不及格的學生。
◇作業太難時不加以指導。
◇從不向學生道歉。
◇不對學生說「請」「謝謝」 等。
◇對問題行爲的處置前後不一致，無規則可循。

教師對課業的態度

◇浪費時間。
◇上課乏味。
◇課前未充分準備教材。
◇課中離開。
◇不理會學生的學習進度。
◇以課程爲主，不以學生爲中心。

教師本身的情緒狀態

◇暴躁、情緒化。
◇厭惡教學。
◇懷疑自身的教學能力。
◇害怕教室失控。
◇擔心同事的觀感。
◇渴望受到學生喜歡。
◇低自尊。
◇害怕學生。

班級經營的基本要件

下列是有效的教師應有的行爲。這些行爲將減少班級經營的困難，而且能預防問題行爲的發生。

教師正向行為檢核表

1.無條件關愛每一位學生。
2.瞭解自尊對學習的影響。
3.瞭解個人和行爲是獨立的兩件事。
4.瞭解學習表現不代表一個人的能力。
5.瞭解成功和失敗是相對的而非絕對的概念。

6.視錯誤和失敗為學習的契機。
7.重視努力而非成果。
8.讓學習永遠是正向的經驗。
9.不把個人需求投射在學生身上。
10.將學生的問題行為歸於學生本身，無關教師的自我價值感。
11.隨時冷靜、自在。
12.以公平、前後一致和可預知的反應方式來對待學生。
13.時時讚美、肯定學生。
14.以正向堅定的態度面對學生的問題行為。
15.傾聽各方意見。
16.課前充分準備。
17.用「請」替代命令。
18.以學生中心取向替代課程中心取向的教學。
19.不與偏差行為的學生陷於衝突狀態。
20.明白何時要尋求協助。

上述指標大部份在前四章已討論過，在此只是強調教師和學生的自尊是班級經營的重點議題。表中某些行為（4、14、15、19）進一步說明如下。

關於學習表現不代表個人的能力一項，研究指出來自低下階級的學生只有百分之一至二上大學，相對地，來自中產階級家庭的學生超過百分之二十上大學。當然不是低下階級者智能較中產階級差，而是機會的差異。中產階級家庭的孩子，感官刺激在質和量方面都偏高，他們時常有一對一的口語接觸。這類家庭重視教育，鼓勵孩子說話、閱讀和做建設性的遊戲，父母本身常進

修，孩子的學習動機較強。這些中產階級家庭的孩子，在知識水平和學習動機方面，在上小學時已比來自文化不利環境的孩子明顯地佔優勢。孩子的學業成績常成爲標示孩子聰明或愚笨之依據。這些標示影響教師對孩子的期望，同時孩子會將成人的標籤內化爲自我評價，孩子的自我評價將成爲行爲的指標。舉例來說，相信自己「閱讀能力差」的孩子，將會有閱讀的困難。大人亦然，當成人認爲自己在演說或口語表達方面能力很差時，將會自我應驗般的表現很差。當人們認爲自己「數學不行」，將會害怕接觸數學問題。但是，任何人只要有自信和適當的學習機會，都有能力理解任何方面的知識。增進孩子自尊的方法是告訴孩子「你的能力非常強」，讓孩子知道目前的學業表現並不代表自己是個能力不好的孩子。知識主要受到文化的影響，而不是智力所致。就如土著民族的語言能力和西方文明社會的人比較，差得相當多，但是他們有著高度發展的右腦，在視覺、空間和機械能力方面的功能極佳。因此，教師不能將知識和能力混爲一談。教學只能增進孩子的知識，但無法增長孩子的智力。

第十四項建議中的「以正向堅定的態度面對學生的問題行爲」與第十九項前後呼應：「不與偏差行爲的學生陷於衝突狀態」。這兩項建議的核心議題在於強調暴力帶來暴力，教師的負面反應，將會使學生的不當行爲變本加厲。事實上，如果可能的話，忽視其不當行爲（因爲學生在下意識裡就是要引起注意）是最佳策略，不予以回應常能緩和學生失控的反應。如果必須有所回應，則教師一定要保持冷靜、自我控制與堅定，以正面的方式要求學生停止不當的行爲。如果教師本身失控，要學生停止不當行爲幾乎不可能。如果教師自己失去控制，等於是被學生所掌控，

學生將繼續其破壞性的行為。必須知道的是，有時候，無論教師如何處理，學生仍然會我行我素。稍後再說明這種情況。

另外第十五項，在前幾章未討論到。傾聽是溝通時最重要的行為。孩子需要大人的注意和傾聽。如果時常詢問學生在學習上是否有困難，可以預防學生對課程有所抱怨，同時，也傳達了你的關心以及你願意傾聽他們的心聲。發生衝突時，不要太快提出批評；在做評斷之前，應先聽聽各方的意見。

訂定學生責任制度

傳統的管理制度太強調要求「不能做」。這種方法並沒有教導學生「要做什麼」，因此無助於學生的自我控制和責任。一般人對「紀律」一詞會有負面的聯想。我喜歡用「培養責任感」的說法。在訂定學生的責任制度時，需由委員會草擬責任表。委員會由管理階層、校長、教師、學生，和家長代表組成。責任表上所列事項越少越好。 例如：

教室內責任

◇準時上課。
◇依序進教室。
◇迅速就座。
◇坐好。

◇在教室走動時井然有序。
◇安靜聽候教師指導、指示。
◇繳規定的作業。
◇以尊重的態度和教師、同學溝通。
◇尊重別人的財物。
◇說話音量適中。
◇正面回應教師的要求。
◇當被干擾時，私下告知教師。
◇當導師未能回應學生的訴願時可向學生責任委員會報告。

教室外責任

◇在走廊走動時井然有序。
◇尊重學校公物及他人的財物。
◇說話音量適中。
◇在校園遊戲時，不妨礙他人安全。
◇溝通時互相尊重。

學生必須時時被提醒，才能養成良好習慣。學生應負的責任以及應受的制裁表（如下述）要張貼在每間教室，而且要寄一份給學生的家長。除了制定責任表外，還需解釋遵守這些責任的理由。並將這些理由列在責任表下面。例如：

◇在安靜的環境下才能有所學習。
◇爲了維護自身和別人的安全。
◇爲了保護自身和他人的物品。

◇人人都應盡力而爲。

◇爲了營造正向的師生關係和同儕關係。

正向的制裁

任何社會制度必須有制裁，才得以確保責任的執行。在學校中，實施制裁的基本要素是教師對學生的無條件關懷，擁有正向的師生關係，進行正向的溝通，強調學生的努力而非學業成績，並且時時增強學生所做的努力。有多少教師會在每節課結束時感謝學生的專心聽講和努力？實施制裁時，需讓學生明確地知道他們不負責之所在，以及下次應該如何做。制裁必須達到教育功能，讓學生學得責任感，而不是用來打壓學生。

正向制裁的特質

1.儘可能地以自然的結果來作爲制裁方式。例如，如果學生在上課時浪費時間，自然結果的制裁方式就是剝奪他的下課或休息時間。如果學生發脾氣，把東西丟得滿教室，自然結果的制裁是要他把教室整理乾淨。

2.制裁必須可預知的、前後一致的。這樣學生會很清楚知道責任的存在，而且知道越軌的話一定會受到制裁。不論是遇到那位教師，以及無論那位學生，只要是不負責的行爲，都會受到應有的制裁。

3.制裁一定要公平、公正。制裁方式一定要適合於所發生的不負責任行爲。如果制裁是由委員會來決定，而不是教師的情緒

化反應，不公平的可能性就會大大地降低。委員會亦需常常檢討此責任制度，以防不公正的流弊。

4.制裁要客觀。如果教師因學生上課不專心而生氣，並且基於教師個人需求或情感的投射，而對學生施予制裁，則這樣的制裁對學生是無效的。學生感受到的是教師爲了發洩情緒而制裁他們，因此，學生將會反過來責怪教師而不是責怪自己。

5.制裁必須強調對學生行爲的期待。學生才能知道應該有的行爲及學會自我控制。

6.教師必須在瞭解不當行爲所隱含的意義之後，才能實施制裁。而且必須向學生表達對其心理意義之瞭解。

7.制裁必須以正向、冷靜的方式爲之。學生才不會懼怕教師，害怕會阻礙學生和教師間的溝通。學生在害怕的當下可能會做任何承諾，但是當他們的害怕消失時，並沒學到任何教訓，往後的不負責任行爲可能更爲嚴重。

8.不可以背誦課文或額外的家庭作業來做爲制裁。如前面提過的，學習必須永遠是正向的經驗。

9.執行制裁時，仍然必須尊重學生。

學校應該使用哪些制裁方法呢？不同社會背景有不同的方法，學校要選擇適合其獨特文化的責任制度。

學校可行的制裁方法

◇以正向、堅定的態度要求負責任的行爲。

◇忽視不負責任的行爲。（往往學生是爲了引起教師的注意）

◇剝奪權利。（學生爲了怕失去所熱愛的活動，會努力負起責任）
◇有目的地採行課後留置（需要有人在旁指導，助其完成作業）。例如，完成上課中的作業或家庭作業，但不另行增加「處罰性」的作業。
◇在休息時間做勞動服務，例如，撿垃圾。
◇警告學生若違規將送交其班導師，或送交訓導人員。
◇登記在資料卡上。（許多學校有資料卡制度，教師在每節課結束時登記）
◇與家長面談（最好父母雙方都到齊討論孩子在校的表現）。

學生責任制的實施

有效的實施責任制，端賴全體教師的充分合作，以及校長、行政人員與家長的全力支持。同時，對全體師生而言，在學校的任何場所，此責任制都是可預測的、前後一致的。其中任何一環不遵守規則都會削弱這個制度的效果，而且會使學生在不同教師面前，以及不同場所的情境中投機取巧。此外，很重要的是必須維繫親密的師生關係，教師要相信學生的能力，時時鼓勵增強學生所付出的努力。在這樣的學校環境下，不但可以預防問題的發生，當不負責任的行爲發生時，也比較容易矯正。

爲了促進大家認同該制度，在擬定制度時必須邀請各方人員參與。委員會的成員要監督與檢視該制度。委員會最好由各種代

表組成：教師、學生（低年級除外）、家長和行政人員代表。委員會的決議事項不可被某位教師或校長所駁回，否則會減弱委員會的權利和責任制的效能。委員會的任務之一是當責任行為或制裁方式曖昧不明時，提出合適的仲裁。各種責任對不同的學生和教師可能意義不一樣。當學生或教師對某一責任行為或制裁有疑問時，要向委員會提出，請求澄清，並以委員會的決議為準。

對應頑強學生的方法

即使教師和學生關係親密，營造了正向的教師氣氛，儘量使上課生動有趣、以學生為中心，在教學時自然、冷靜，鼓勵學生表達他們的需求與憂慮，能培養學生有良好的自我控制，但是仍然可能會有學生出現失控的行為。大部份教師覺得苦惱的行為包括：突發性攻擊行為，或口語上的暴力。教師傾向於以負向的反應來面對學生的失控，然而，教師的負向反應只會加劇學生的問題行為。

教師必須瞭解的是，學生的攻擊或無禮是來自其潛在的心理需求，希望被愛、被重視和被接納，也有可能是學生曾經有過受傷、憤怒或恐懼的經驗。當學生「冷靜下來」之後，教師要給學生適度的愛護和安全感，並且努力去瞭解學生曾受到的傷害，曾經歷的內在憤怒或恐懼。在關懷與瞭解之下，才能實施制裁。重要的是，教師一定要停止負向反應方式。

當學生有失控行為時，教師需要立即處置以防事態擴大。有

時，最好的方法是不做任何的反應。口頭告誡行爲失控的學生效果不大（即使教師以正向、堅定的方式爲之），因爲當學生處在高度情緒化狀態，完全聽不進去任何合理的要求。沒有任何事比受傷害、憤怒或恐懼更能讓學生關起耳朵。在這種情況下，他們的情緒總是比認知來得強烈。這時教師不做任何反應，鼓勵其他學生繼續進行上課的活動可以移轉對問題行爲的注意。問題行爲的目的在於想引起注意，當教師沒有回應時，不當的行爲會自然的消失。如果學生不再失控，教師在下課之前，便不要再提起那位學生的不當行爲。但是，下課後，教師要私下和學生談話，以找出問題行爲的原因。

如果學生的行爲危害到教師或學生，必須立即採取行動。當其他的學生有危險時，教師要冷靜地請同學依序離開教室，到指定地點集合。同時，吩咐班長向校長報告，請校長代爲照顧一下班級學生。不要靠近該位失控學生，要冷靜保持距離。

當學生攻擊教師時，教師不可反擊，否則會導致更大的混亂。教師要冷靜地後退，眼睛堅定的盯著學生（讓學生知道教師並沒有失控），請同學如上所述離開教室，並請一位學生向最接近的教師要求立即支援。不論情況如何，事後一定要在安全的情境中和該學生一起分析問題的所在。下述「ABC分析法」是瞭解偏差行爲的有效方法。

偏差行為的ABC分析法

A代表前提事件（antecedent）：指的是問題行爲之前發生

的事件，可能是師生關係，同儕關係，上課之前或上學之前的某件事情。有些前提則是隱而未顯的，例如，攻擊性的思考型態或是積壓的怨氣。這些外在與內在的事件往往是引發學生不當行為的主要原因。當這些原因釐清之後，教師比較能清楚的區辨是自己的言語觸怒了學生，還是學生為了保護其內在未處理好的傷痛，而爆發了不當行為。不論是那種情況，都可經由調整，不再讓會引起偏差行為的前提事件出現。有時候，不良的教室情境也會引起偏差行為，例如，教室內太熱，班級中有會欺負同學的人，或是儀器設備的不良等。

B代表行為（behavior）：指的是學生確實出現的行為，例如，口出惡言，拒絕寫作業，或上課不專心。行為的界定愈明顯，越容易規範學生的責任，可減少衝突的發生。如前述，學生的明確責任應是：以合適的溝通方式表達需求，接受作業，以及上課專心。

C代表結果（consequences）：指的是行為之後發生的事件。例如，當學生在課業上很努力，舉止彬彬有禮，以及愛惜公物等行為未獲得注意時，他們很可能不再表現這些負責任的行為。大部份家庭和教室中，對負責任行為之增強都太少。增強的方法很多——社會性的、物質的、代幣式的——這些增強必須緊跟在責任行為之後，才會加強負責任行為的出現。社會性的增強（讚賞、輕拍背部、肯定、鼓勵、微笑…）是有效的。代幣式的增強包括：記分、記功、記星號或金錢，這些代幣可轉換成實質的事物。如果學生的攻擊行為之後所得到的回應也是攻擊行為，必然會增加學生的偏差行為。如果教師忽視學生的攻擊行為，並且適當的處理那麼該行為將會消失或減少。

從行爲的前提事件、行爲本身，以及行爲的結果來瞭解行爲，將能知道如何調整前提和結果，以便帶來必要的行爲層面之改變。ABC分析對於行爲發生當下時之處理是有幫助的，不過在那當下無法瞭解學生的攻擊性行爲之原因，也無法得知爲什麼學生那麼敏感。必須進一步探討學生的內心和外在生活之後，才有可能對學生有深層的瞭解。最常見的深層問題是生理功能失常、不愉快的家庭、過度的功課壓力，以及低自尊。當然，越是嚴重的偏差行爲，其家庭問題和低自尊的潛在問題越是嚴重。

不論教師及相關的人士多麼努力，如果學生仍持續出現不負責任的行爲時，便需用其他的處理方式。如果孩子有學習困難，可能需要有特殊教育的協助。不過要注意的是，許多孩子智育成績不良常導因於嚴重的情緒困擾，必須在情緒問題解決之後，功課才會進步。因此對孩子的評估必須是全面性的，要全面檢視孩子的生活。有些問題學生所居住的次文化和學校文化差異甚大，在價值觀、道德觀、態度，和行爲規範上都有很大的不同。我們想要把學校的主體文化強加在這些問題孩子的身上時，不管孩子再怎麼努力都可能與學校的主體文化格格不入。與孩子的次文化比較相容的學校，比較適合這些孩子。那些持續出現問題行爲的學生，可能需要個別協商或心理治療，最好是家族治療。如果家長參與協助孩子，孩子會進步的很快。必須注意的是，有時候是教師本身必須接受心理治療。

問題行爲的早期發現與處理是重要的。通常問題行爲都是在很長的時間之後，才被處理。同儕和教師實不必要長期忍受教室內的破壞性行爲。教室控制的困難已使教師精疲力竭，學校應提出問題解決的方法，亦需提供心裡和社會服務的支援，同時教育

行政單位的支持也是重要的。

請專家協助

許多小孩的問題行爲根源在於情緒的困擾，這些小孩及其家人需要有特定機構提供心理治療的協助。傳統上，學校都有智能和學習的評估，但是這類心理評估無法解決學生情緒上和社會適應上的困擾。有的教師需要心理治療的協助，這種協助必須是保密性的。許多學校沒有這類支援性的服務，而任由教師慌亂無助的面對困難。學校需要發展心理及社會性的支援服務。教師本身不是心理學家也不是社會工作者，更不是家庭治療師。他們沒受心理與社會性服務的專業訓練，因此提供學校更多廣泛的支援服務是必要的趨勢。教育和衛生部門應積極提供類似的服務，早期發現與早期介入，可避免偏差行爲的孩子在長大成年之後，成爲心理和社會服務機構的個案。

判斷學生是否需要給予特殊的協助，並非易事。情緒和社會適應困擾的行爲跡象，一般來說是所有小孩都可能出現的行爲模式。在決定學生的問題是否需要專家的介入前，可先考慮下列因素。

轉請專家協助的時機

兒童的年紀和發展階段

兒童的年紀爲判斷是否需請專家協助的重要因素。某些年紀的正常行爲在其他年齡階段可能是不正常的。例如，學前孩子發脾氣是常見的，因此有所謂的「兩歲的討厭鬼」之說。三、四歲的孩子常尿床，但是五歲以上尿床就不正常了，在青少年階段仍尿床，則是更嚴重的警訊了。年幼的小孩子有許多的恐懼是正常的，因爲他們仍不熟悉這個世界。但是，學童和青少年怕黑、怕失敗、怕衝突，或怕其他的同學，顯示他們有潛在的情緒上或社會適應上的困擾。

頻率

問題行爲的頻率越高，越可能需要特別的關注。偶發的問題行爲可能只是過渡性的困難，會隨著時間和人生經驗而解決。

強度

情緒的強度愈高，例如，極端憤怒、恐慌、畏縮，和拒絕或攻擊的行爲越強，表示這位學生愈需要協助。約有三分之一的孩子有不願上學的現象，但是如果孩子有懼學症，則會對上學有極度的不安和恐懼。過度的不安會顯現出心身症狀，例如：心跳加速、臉色蒼白、嘔吐、胃痛、顫抖等、口頭表示自己的害怕和不舒服，並且會企圖拒絕上學或逃學。

持續性

孩子的攻擊性、發脾氣、不合作、恐懼、懼學、膽怯、尿床、墮落、退縮、沮喪、悲傷等現象，持續期間愈長，表示愈需要立即的支援服務。許多有長期行爲問題的青少年，都是早在孩童時期就發生問題了，很遺憾地，在兒童時期並未得到注意與協助。這些有著困擾的青少年，會在學業上和社會關係上落後同學甚多，這些對自尊都是打擊。

學生的居家環境

在我的工作經驗當中，有些被轉介來接受治療的孩子和青少年，其實是他們的父母需要被治療，而非孩子們。我通常很少直接處理孩子的問題，而是把重點放在改善父母和孩子的關係上面。許多父母把自己的不安全感，未獲滿足的需求、完美主義、頑固、焦慮、悲觀和無助投射在孩子身上，除非這些問題解決了，否則他們的孩子會持續身處險境。孩子的不良適應行爲可能是不正常情境下的正常反應。不正常存在於環境之中，而非在孩子身上。學生的攻擊行爲可能是模仿父母行爲的結果。換句話說，學生的攻擊行爲可能是他在嚴厲的、受限制的，以及操縱性的家庭管教之下，需求未獲滿足的結果。青少年的偷竊行爲，作姦犯科，和翹課等行爲，和父母的冷漠有關。父母的冷漠，導致孩子或青少年在家中缺乏安全感，必須從同儕團體中來尋求接納，在該團體中，不法行爲、偷竊和攻擊可能都是正常的。這些同儕團體中孩子的不良適應行爲，乃環境所致，而非孩子本身是病態的。

學校和教室環境

並非所有孩子的問題都來自家庭，學校環境和教師的言行也可能製造孩子的情緒和行爲問題。一位來自與學校文化迥異的次文化的小孩，可能會有很大的適應不良。小孩子需要被安置在較符合其特定需求的學校環境之中。有些教師具嚴重的情緒困擾，並反映在各種言行之中，例如，攻擊、控制、操縱、譏嘲、諷刺，或顯現退縮、害怕和焦慮等狀態，這些現象均會導致學生的適應困難。在這種情形下，是教師需要專家的協助，而非學生。這類教師很難接受協助，需要有具保密性的支援系統來協助。有時候問題出在校長，這時，全體教師須向有效的支援系統來尋求協助。

大部份被轉介給專家的學生，無論是過去或現在，大都有著痛苦的家庭或學校生活經驗。他們需要心理治療或家庭治療，不需要用到藥物治療。可用行爲治療、認知治療、完形治療、來談者中心治療等。這些方法不外是企圖改變孩子的生活環境或直接處理孩子的情緒和行爲問題。家庭治療則針對家庭成員，以及家庭系統中的失功能部份來處理，以協助孩子減輕困擾。

這些治療法通常都是有效的，不過在選擇治療法之前必須先瞭解學生的內在心理狀態和他的父母與教師。

重點整理

◇班級經營是學生的責任。
◇一個人要控制另一個人必會導致衝突。
◇教師有責任自我控制。
◇當教師失控時，等於給學生凌駕其上的機會。
◇班級經營是要教育學生為自己負責。
◇賦予學生責任，並且相信學生有能力負起責任，能提昇學生的自尊。
◇學生持續的情緒和行為問題來自社會化過程的不足，或內在與外在的過度壓力。
◇教室失控是導致教學困擾的主因。
◇當我們瞭解適應不良的學生來自有問題的家庭時，是不能說「無能為力」的。
◇有情緒和行為困難的孩子，當他們不斷受到關愛、重視、肯定、鼓勵和讚美時，將會回復正向的行為。
◇學生的問題也可能來自學校和教室內的因素。
◇教師的正向行為能促進健康的教室環境。
◇知識不是智力的指標。
◇暴力引發暴力。
◇傾聽是溝通的第一步。
◇學生責任制度應該由各方面有關人員的代表共同制定。
◇必須具體的讓學生瞭解責任制的道理。
◇制裁必須具有教育功能。

◇可預測性和前後一致性是有效責任制的關鍵。

◇學生責任委員會的決議不可被教師或校長所操縱。

◇學生的攻擊行為與傲慢無禮導因於內在被愛、被重視、和被接納的心理需求，而且他們曾有受傷害、憤怒或受驚嚇的痛苦經驗。

◇傷害、憤怒和害怕，使得學生無法理性的聽進教導。

◇ABC分析法提供我們知道面對破壞性事件可採行的立即性對策。

◇當教師和其他的人已做了最大的努力，但問題仍持續存在時，需要求助於外界的專家。

◇對學生本人、其他的學生、教師，和學校而言，早期發現和處理學生的適應不良行為是重要的。

◇當學生和教師持續發生問題行為時，需要尋求心理和社會服務的支援。

◇治療的方法有心理治療和家庭治療。

重要任務

◇隨時保持冷靜，輕鬆和自我控制。

◇不斷提醒學生應負的責任，以及不負責任時應受的制裁。

◇讓學生知道，要選擇負責任或不負責任全在他們，當受到制裁時，是他們自己的選擇。

◇避免出現會傷害學生自尊的不當言行。

◇自己情緒有困難時要尋求專家的協助。
◇當學生表現失控時，避免和學生發生衝突。
◇傾聽各方意見。
◇在每一間教室張貼學生責任表。
◇實施制裁時要以同理學生之方式爲之。
◇對每位學生，以及在任何情境之中，制裁都需是一致的與可預測的。
◇有時候，最好的行動就是不採取任何行動。
◇教師要和學生共同探討學生適應不良行爲的潛在因素。
◇必要時尋求同事的支援和協助，教師之間是相互協助的。

第6章

學校

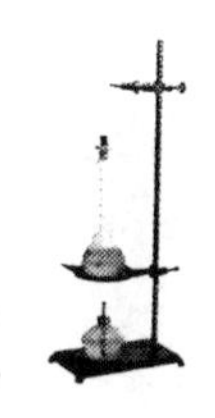

有效能的學校

有效能的學校有三大特色：對學生和教職員的高度期待，成員間的情感連結和有效能的領導。前面兩大特色指的是能提昇學生和教師自尊的互動模式。高度期待顯示對學生和教師的信任，相信他們具有高度學習能力和面對生活的能力。期待的重點在於師生的努力過程而非他們的表現。學生和教師在教與學方面、社交方面，以及行爲和情感各方面都要不斷地受到肯定和鼓勵。任何的錯誤和失敗都應是進一步發展的契機。不要對學生做成績上的比較，因爲孩子們都是獨立的個體，每個孩子都用他們獨特的方式來認識和接觸這個世界。教學要以兒童爲中心，必須以孩子目前的程度作爲學習的起點。任何的努力都應被重視，並且要能明確地讓他們知道自己下一個努力的目標。教師也必須肯定自己的獨特性和所做的努力。對於教學上的錯誤和失敗，應視其爲增進知識和瞭解兒童行爲的機會。鼓勵教師之間互相分享知識和經驗，並且多多向同事請教。同時也要鼓勵孩子們尋求協助。必須讓學習永遠是一種正向的經驗。

情感的連結主要在於營造各種無條件關懷的人際關係，例如，教師與教師之間、教師與學生之間、校長和同事之間、學生彼此之間，以及教師與家長之間的關係。學校內每個人的獨特性都應得到重視與尊重，學校成員之間亦彼此互相肯定、關切、讚賞、鼓勵、支持和安慰。在學校中建立密切的關係和互相支持的網路是重要的。在這樣的組織中看不見傷害別人自尊的行爲、沒有破壞性的批評、互相比較、譏笑、謾罵、譏嘲和諷刺。如果有

任何不尊重他人的行為，應予以適當的制裁。學生必須學習坦誠的、關懷的溝通。由校長和教師做起，做學生的好榜樣。教師和學生都必須自我負責，任何企圖推卸責任者均需受到制裁。給予制裁時需區分個人和行為。當偏差行為發生時（無論是學生或教師），要把焦點放在行為本身。唯有在良好關係下才能解決衝突。在解決衝突事件時，傾聽是最重要的原則。

當學校環境充滿情感、負責任、支持、瞭解，以及無條件的肯定，必能提昇學校內每個人的自尊。進而促進每個人情感的成熟，增進生理、心理與人群關係的成長和幸福。反之，則會是一連串的痛苦。家長的參與是必要的，學校需要得到家長的支持，家長也要在家中創造一個類似的環境（請見本章第五節）。如果家長是低自尊的，那麼他們的感情成熟度、溝通、問題解決、感情表達、獨立和親密關係各方面都會有缺失，將不可避免地會導致家庭的不幸。

有效能的學校的第三個特徵是有效的領導。任何組織中，成熟的領導是必備的。缺乏安全感、低自尊的領導者，會傷害下屬的自尊，並導致組織功能不彰。

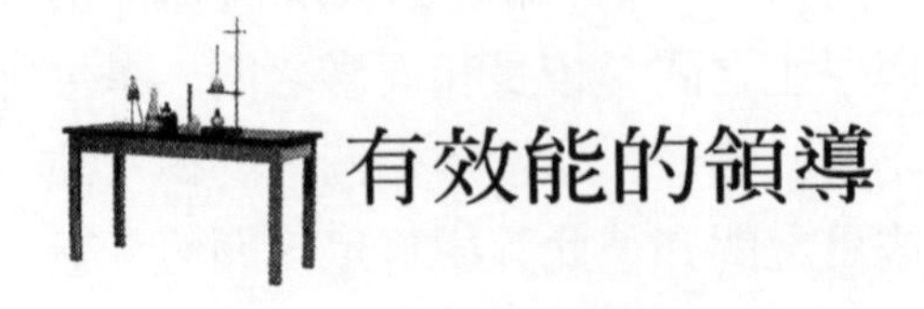

有效能的領導

有效能的校長之首要條件是高自尊。高自尊領導者的特質如下：

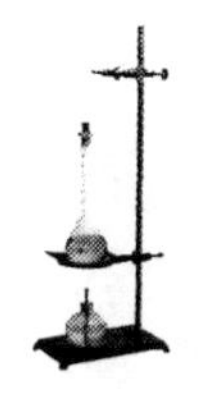

◇對自己和生活充滿自信與自愛。
◇有能力無條件地關愛他人。
◇具專注能力。
◇能讚賞教師和學生的努力。
◇具解決問題和解決衝突的技巧。

高自尊領導者的領導風格包括：

◇對自己有信心，面對衝突議題時能自我肯定。
◇對同事和學生有信心。
◇能彈性面對不同的意見。
◇自我控制和獨立。
◇勇於向自己、同事和學生挑戰。
◇容忍錯誤、失敗和脆弱之處。
◇對同事和學生的情感表達有所回應。
◇對同事和學生在學業、社交和情緒上的努力有高的期待。
◇可親近的。
◇具傾聽能力。
◇果決的。
◇直接、清楚地溝通。
◇讓同事或學生有安全感。
◇保密。
◇堅毅。

有效的領導者在下列各方面是個角色楷模：

◇瞭解自己的優缺點。
◇需要時能尋求協助和支援。
◇均衡的生活方式。
◇擁有親密的關係和支援系統。
◇彈性與坦誠面對他人的差異性。
◇對自己的職業、情感和社會需求負責任。
◇對各層面的生活懷抱希望和價值。
◇直接和清楚的溝通。
◇身體健康。
◇放鬆與平和。
◇有效的時間管理。

許多校長工作負荷過重，有效的時間管理和工作分配可減輕辛苦的情況。

時間管理檢核表

身爲校長，你是否：

◇規劃日常時間管理系統。
◇講求每一個小時的工作績效。
◇區分事情的先後緩急。
◇有短程、中程和長程的目標。

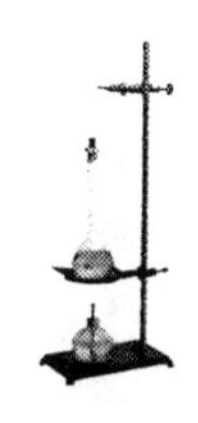

◇合於現實的時間分配。
◇只規劃六成的時間。
◇給自己預留一些空閒時間。
◇在兩項工作之間保有「預留的時間」。
◇遵守時間表。
◇將打電話的時間規劃在時間表內。
◇當忙碌時使用答錄機。
◇完成一份工作之後再進行下一份工作。
◇定期修正工作時間表。

低自尊的校長將不易實踐上述檢核表。因爲他們依賴別人的認可，常會做一些妨礙時間管理的事情。

時間管理的障礙

當一位校長，你是否：

◇不容易拒絕別人的要求。
◇花太多時間在某些教師或學生身上。
◇逃避一些你不喜歡的事。
◇逃避對自尊有威脅的問題。
◇不願面對困難的事。
◇休息時間太長。
◇時常遲到。
◇常做一些無用的工作。

◇常需要別人提醒你的工作。
◇缺乏有效工作所需的設備。
◇一邊工作一般與人交際。
◇不易專注。

分配工作

許多校長有分配工作的困難。下述考量有助於工作的分配：

◇身爲校長，必須親自做的工作爲何？
◇同事必須做何工作？
◇身爲校長，目前的工作有哪些是別人能取代的？
◇身爲校長，目前的工作有哪些由同事來做的話可以做得更有效率？

在指派工作給同事之前，要先衡量同事所承擔的工作量；進行工作分配時，必須充分瞭解每位同事的責任，同時應適才適用。所分配的工作內容項目，以及每個人應負的責任和工作期限都必須很明確。當同事們有所疑問時，校長需隨時協助解決。

工作分配的障礙

◇自己居功。（這是由於缺乏安全感、依賴性）
◇自認爲最清楚工作內容。（這是由於低自尊而產生的「優越」態度，妨礙他人表現）

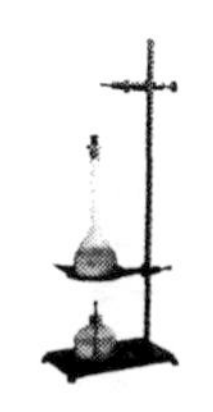

◇要求完美。（這表示害怕失敗和錯誤，表示對同事的不信任，妨礙冒險）

◇認爲同事必須主動來協助你。（你應對自己的需求負責，同事不能看透你的心思，身爲領導者有責任分派工作）

◇認爲同事不願接受分派的工作。（工作的分配是由大家共同參與，即校長負責將工作分配出去，而誰做何工作則由同事來決定）

◇渴望自己是受歡迎的。（這點反應出依賴性和低自尊。直接、清晰、公平而前後一致的溝通方式，將會得到更多的尊敬。如果自己以犧牲者姿態，攬下所有的工作，未必能被同事們所接納）

和同事的關係

在教師辦公室那一章說明了同事之間的關係和工作士氣的相關議題：例如，坦誠與帶有情感的溝通、同事間的情誼、團體的決策、可親近性、同事間的相互協助。這底下要說明校長與同事建立關係的方法。良好的社交技巧，傾聽和自我肯定是與同事建立關係的要素。

下述問題可用來檢驗校長和同事間的關係。如果對有星字號的問題回答「是」，其他的問題回答「不是」，你要審愼地檢討一下自己的領導風格。

◇你是否叫得出同事的名字？

◇遇見同事時是否打招呼？

◇是否易於親近？
◇是否方便求見？同事是否在個人、人際或工作上有困難時
　會向你求助？
◇你是否徵詢同事對你的領導風格之意見？
◇你是否具備有效的領導風格？
◇適當時，你是否會表達你的「危急情緒」？
◇你對處於壓力中的老師是否表示關懷？
◇你是否和同事協商工作的責任問題？
◇你是否曾想控制或操縱同事？*
◇你是否情緒化、難以捉模和善變？*
◇你是否相信你有絕對的權力做決策？*
◇你是否瞭解並接受自己的長處和短處？
◇你是否常常肯定和鼓勵同事？
◇決策是否由你和同事共同決定？
◇你是否能向行爲不當的教師提出溝通？
◇你是否不敢面對難題？*
◇你是否不受同事的意見所左右？
◇當必須時，你是否勇於做決定？

校內的因應對策

教育制度、學校，以及教室中總有一些功能不良之處，導致學生焦慮、受傷、憤怒、反叛；也讓教師備感壓力、恐懼、具攻擊性與精疲力盡；校長也負荷過重，還須忙著努力激發同事的工

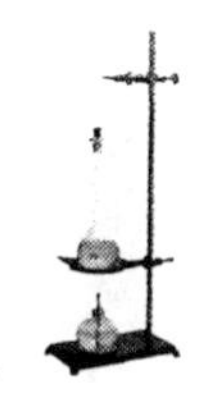

作士氣。許多校長和教師都屈服於不良的制度，因為「你必須在制度內工作」——然而屈服卻是引起困擾的因素。

面對不良制度時，基本上有兩種方法：

◇順從環境。
◇挑戰環境。

順從環境

大部份的教師都知道教育理論和教育實務本身有許多的問題有待改變。每個學校需要改變的情形不一。對條件較好的學校之有效的方法，可能不適用於條件較差的學校。不過常見的情況是，學校與教師均順從當地的制度，人人捲起袖子，盡力而為。這樣的教師常獲得家長和教育當局的讚賞。這也意味著，教育單位有很大的權力制定政策而不會受到學校太多的反對。這個制度對同事和學生的不良影響，並未受到關注。他們可說是制度的犧牲者，制度的重要凌駕個人之上。長久下來此制度會導致同事的壓力、曠職、低工作士氣、低自尊、精疲力盡和心身症，在學生部份，則有焦慮、不良行為、曠課、低自尊、退學等問題。這是制度的功能不良，應該是不被接受的。如果同事越是順從，並屈服於不良的環境，則不良的問題越有可能持續下去。

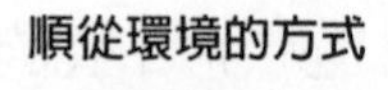

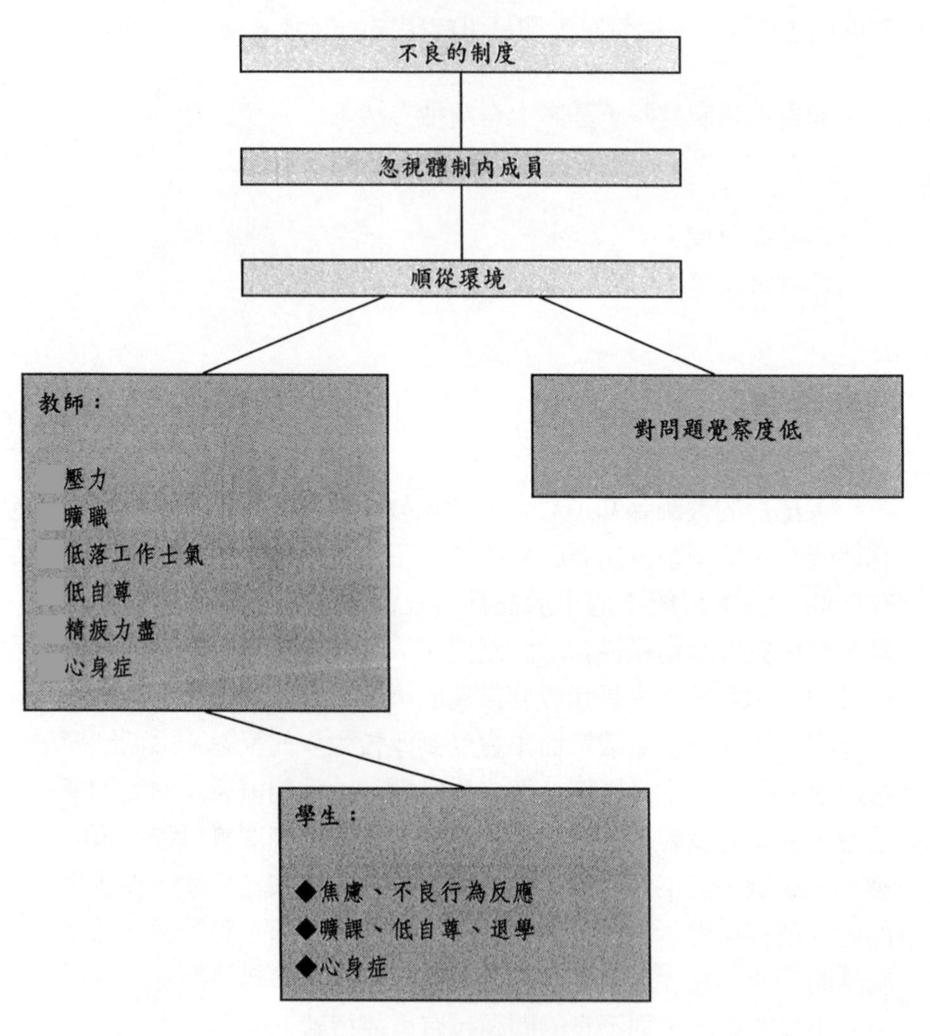

挑戰環境

挑戰環境意指不屈服於不良的制度，教師及學生不應該有不

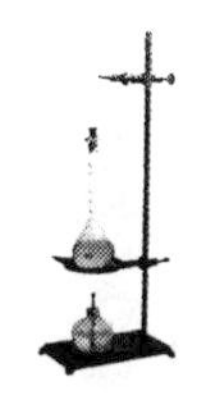

挑戰環境的方式

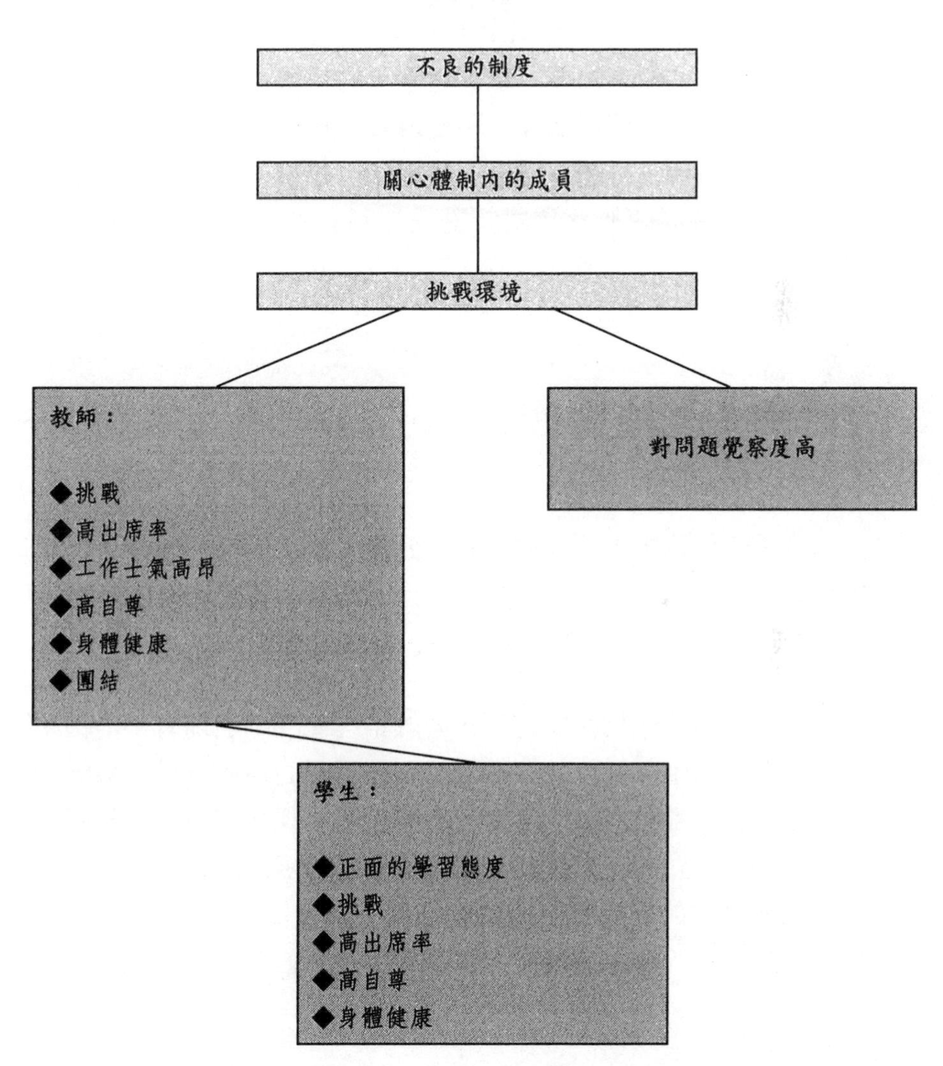

合理的壓力與痛苦。他們努力求取支援和解決之道。他們尋求以人爲中心，非以制度爲中心的因應策略。當一個制度不能滿足個

人的需求時，應受到質疑的是制度的適當性而非譴責飽受痛苦的個人（包括：校長、教師和學生）。以這種方式因應環境的人將試著改變校內或校外制度，來滿足個人的需求。這種方式讓制度內的人覺得受到重視與關懷，將使得教師和學生受到鼓舞，並且會有較高的自尊，身體更健康，也更勤於學習。學校的士氣也因而提高，同時促使教育當局將更覺知到有許多需改革的教育問題。

全校合作

全校合作的基本原則就是責任分擔。學校的每一個份子都和學校的發展有關，每個人都受到尊重、珍惜、肯定和有安全感。同事的團結是發展和維繫支持性學校系統的要素。

在支持性的學校系統之下，教師不再單獨地處理有著情緒和行為問題的學生。每位教師都可得到校長和同事的支持。教師的可預測性和一致性是學生建立行為規範所必須。學生違反規範的行為，無論面對那一位教師，都會被公平地處理。每位教師都知道應如何一致的處理學生的問題行為（請參閱第五章）。如果每位教師都自訂一套管理規則，那麼學生被不當對待的可能性將會大增。

當然全校合作端賴有效的領導（請參閱本章）和有效的溝通（請參閱第三章）。簡而言之，我們所需要的是清楚而溝通良好的管理系統，要確保每位同事知道自己的工作，責任區以及責任的

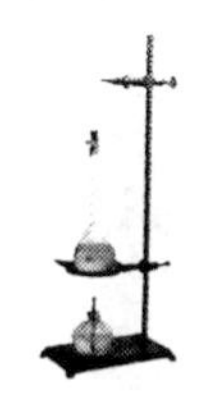

界限。學生也要知道自己的責任（請參閱第五章）。全校合作必須仰賴同事的相互支援，除了在學術和教學技巧上的支援外，尙需在人類行爲，家庭與社會領域相互切磋。後者常在教師訓練時被忽略。教師需要在職教育是既有的共識，在職教育課程必須配合當地文化和學校特色。教師的工作壓力和負荷越來越受關懷，學校必須建立起支援的系統，成立教師諮商服務，以協助有高度困擾的教師。學校不能說對這些教師無能爲力。或許有困擾的教師可能從校外的心理治療得到改善，但是如果他們的學校體系無法給予支持，他所得到的治療可能無濟於事。

全校合作的系統很需要全體人員對學校的認同。越是認同學校的教師和學生，越能效忠學校和努力工作。他們將以自己的學校爲傲。創造、維持和發展對學校的認同感是校內所有份子的責任。下述各項有助於創造學校的認同感：

◇明確而有朝氣的目標。
◇在校門和大樓上標示校名。
◇校園美觀整潔。
◇教室內裝飾典雅。
◇學校內外環境整潔。
◇校內競賽和校際競賽。
◇在走道牆上展示教師和學生的優良事蹟。
◇牆上張貼班級照片。
◇定期社交活動。
◇成立親師委員會。
◇開設夜間社區各類課程。

◇舉行戲劇和音樂會活動。
◇校友會。
◇退休或退職教師組織。
◇學校關心貧困者。
◇學校關心社區環境。
◇進行教育研究。
◇發行校訊或雜誌。
◇教師出版著作。

家長的參與

家長對教育的介入常讓教師感到威脅，有些教師厭惡、害怕親師會議，認爲那只不過是型式，而不認爲家長是個助力。家長本身也害怕這種會議，因爲他們害怕教師會批評他們的子女。家長也會自責未能教育好子女。有時候他們會責怪老師推卸責任，而引起教師的防衛，在此情形下將不可能理性的分析和解決問題。對於有著嚴重問題的孩子，如果想根本解決孩子的問題有必要讓家長參與，而且越早和家長協商越好。問題嚴重的孩子通常來自問題家庭。學校雖然可以補償家庭功能的不足，但是家長的合作可加速改進孩子的行爲。就如心裡治療一般，當家長同意接受家庭治療，認眞參與治療，並發展出覺察能力和因應能力時，家庭便越能發揮健康的功能。接觸這類的家長時，必須十分謹愼，因爲他們是脆弱的。無可避免地，在學校出現問題的小孩，其家長本身通常有自尊上的問題，例如，依賴性、防衛性、攻擊

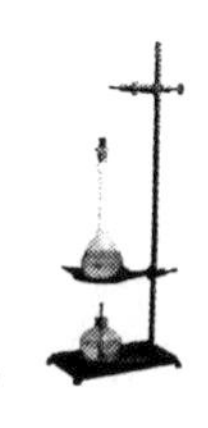

性、操縱性，或非常的被動。重要的是不要讓這些家長覺得被責備或受到批評。家長不會故意忽略或傷害孩子，不會故意亂施壓力，他們對待孩子的心理歷程是潛意識的。只有以溫和的態度，協助他們覺察家中所發生的事對孩子所造成的傷害，家長才有可能改變。在此過程，讓家長覺得受到尊重是非常重要的，教師要肯定家長對其家庭所做的付出。教師請家長參與，主要是以幫助孩子功能的成熟與發展為考量。家長需要聽到教師對其孩子的重視與關心，家長也需要知道，家長參與協助可以增進孩子在學校的適應能力。不可讓家長覺得教師是在責備、批評或否定孩子。經由定期的會談，可商議出共同協助孩子的方法。雙方可經由電話、信件或造訪等來保持合作。如需外界專業人士或機構的協助，要保護孩子的隱私權。

家長的參與應該不限於解決問題，家長可以用更創造性、積極性與挑戰性的態度，來提昇家庭教育功能。他們可培養孩子喜愛學習的態度。在上學前，孩子的學習態度已經形成。如果家中沒有提供優質的教育，如果家長沒有和孩子一對一的交談，如果沒有唸故事書給孩子聽，如果孩子犯錯、失敗便給予懲罰，那麼，這些剛入學的新生就不可能擁有對學習的好奇心。小學和中學裡都應該開授教育家長的教育課程，使其成為好的教育者。他們不知如何協助孩子發展智能。教師可以教育家長，使家長具有協助孩子的能力。其他課程，例如，孩子的情緒和社會發展、孩子的性發展、孩子的行為管理，或面對青少年的方法等都是學校能開的課程。也可教家長解決衝突的技巧、解決問題的技巧、有效的溝通技巧、壓力管理技巧和自我肯定的技巧等。教師也可因參與這些課程而獲益。事實上，他們參與家長的學習，可加強和

家長的關係。學校可成立家長委員會來處理這些事務。

學校若徵求家長的意見，將會增加家長的參與感。如在「班級經營」那章裡所提到的，家長代表要參加校內的有關之重要會議。亦可鼓勵家長參與校訊、校刊的編輯。有些家長可協助校內外的活動——家長是一群有待開發的資源。擅用家長的才能、技術、知識和專長，可大大地提昇學校的效率。

重點整理

◇高功能學校的主要特徵是高期望、有感情和有效的領導。
◇高自尊是有效率的校長之指標。
◇時間管理和工作的分配是有效領導的主要工作。
◇好的社交技巧、積極的傾聽和自我肯定是建立良好同事關係的要素。
◇順從不良制度環境是對學校的每一個份子的忽視。
◇挑戰不良環境表示不向困難屈服。
◇責任分配是全校合作的基本原則。
◇教師的發展和教師支持系統，一直都是教師訓練最被忽略的。
◇學校要提供諮商服務給處於痛苦中的校長和教師。
◇學校可以是許多社區活動的中心。
◇對在學校有問題的小孩，其家長的參與，是根本解決困難之道。

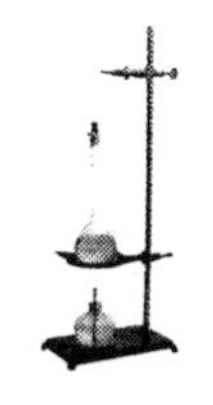

◇接觸出現問題的小孩之家長時，要十分謹慎，因爲他們是脆弱的。

◇家長可以創造積極和挑戰性的家庭教育態度。

◇教師可以提供家長專門知識，以促進孩子的智能發展。

◇具有才能、技術、知識和專長的家長可大大提昇學校的效率。

重要任務

◇校長要成爲教師和學生的模範角色。

◇校長要設計一套有效的時間管理系統，並且避免時間管理的障礙。

◇校長要評估工作分配。

◇校長要依據檢核表評估自己和同事間的關係。

◇教師間要建立責任分配制度，對學生問題行爲的處理，每位教師的態度和方法都要有一致性和可預測性。

◇全體人員都有責任創造一個清楚的、溝通良好的管理制度，以營造全校合作的學校系統。

◇全體人員都有責任創造一個支持的、安全的工作環境。

◇確定可以建立學校認同的步驟。

◇建立和家長的密切關係。

◇在校內開設「家長是教育者」的課程。

◇家長成爲校內外活動的助手。

教師與班級經營　　Classroom 叢書3

著　　者／Tony Humphreys
譯　　者／曾端真　曾玲珉
出　　版／揚智文化事業股份有限公司
發 行 人／葉忠賢
總 編 輯／孟樊
責任編輯／賴筱彌
地　　址／台北市新生南路三段88號5樓之6
電　　話／（02）23660309　23660313
傳　　眞／886-2-23660310
登 記 證／局版北市業字第1117號
印　　刷／鼎易印刷事業股份有限公司
法律顧問／北辰著作權事務所　蕭雄淋律師
初版二刷／2000年4月
定　　價／新台幣250元
ISBN／957-818-075-6 （平裝）
網　　址／http://www.ycrc.com.tw
E-mail／tn605547@ms6.tisnet.net.tw

國家圖書館出版品預行編目資料

教師與班級經營 / Tony Humphreys著 ： 曾端眞, 曾玲珉
譯.- - 初版. -- 臺北市 ： 揚智文化, 2000〔民89〕
面 ； 公分. -- （Classroom叢書；3）
譯自：A different kind of teacher

ISBN 957-818-075-6（平裝）

1. 教學法 2.教師

521.4 88015810